Taschen nähen
LEICHT GEMACHT

Taschen nähen

LEICHT GEMACHT

Mit vielen Schrittfotos und Schnittvorlagen

Cheryl Owen

Projektmanagement: Rahel Goldner
Fotos: Mark Winwood
Übersetzung: Bernadette Mayr, Kempten
Lektorat: Claudia Schmidt, Detmold
Umschlaggestaltung: Petra Theilfarth

Druck und Bindung: Craft Print Pte Ltd., Singapur

Titel der Originalausgabe: The Book of Bags

1. Auflage 2011

ISBN 978-3-7724-6758-5
Best.-Nr. 6758

Printed in Singapore

Inhalt

Einleitung

In diesem praktischen Buch finden Sie für jede Gelegenheit die passende Tasche. Die Möglichkeiten sind nahezu unbegrenzt, denn alle gezeigten Modelle sehen sofort ganz anders aus, wenn Sie mit anderen Stoffen arbeiten. So wird zum Beispiel eine schlichte Tragetasche aus Baumwollstoff zu einem bezaubernden Accessoire für einen glamourösen Abend, sobald Sie sie in edler Seide nähen. Eine schöne Tasche sieht gut aus, ergänzt Ihre Garderobe und ist sehr praktisch. Wählen Sie die Taschengröße, in die alles hineinpasst, was Sie unterwegs benötigen.

Wenn Sie Taschen nähen können, ist es leicht, allen aktuellen Modetrends zu folgen, ohne für echte Designertaschen ein Vermögen ausgeben zu müssen. Viele Modelle sind auch zuhause sehr praktisch. Nähen Sie eine große Tasche für die Schmutzwäsche oder als Hülle für feine Kleidungsstücke. Aus wasserfestem Tuch entsteht eine Kosmetiktasche, Schmuck und

Pflegeartikel finden in hübschen Beuteln Platz.

Wenn Sie Stoffe lieben, dann haben Sie vielleicht schon einen schönen Vorrat, aus dem Sie wählen können. Das Gute am Taschennähen ist, dass Sie nur wenig Stoff benötigen. Wenn Sie also einen wunderschönen, aber teuren Stoff entdecken, so brauchen Sie nicht viel davon zu kaufen, und das Projekt bleibt erschwinglich. Es gibt ein großes Angebot von Dekorationsmöglichkeiten, mit denen Sie Ihre Tasche verzieren können. Sie können applizieren, sticken, Perlen aufnähen oder die Tasche aus einem Patchworkblock gestalten.

Die Modelle in diesem Buch sind nicht sehr zeitaufwändig, sodass Sie rasch ein Erfolgserlebnis haben, auch wenn Sie noch nicht so geübt sind. Für alle Taschen benötigen Sie die gleichen Kenntnisse und Techniken, die zu Beginn des Buches erklärt werden. Für jede Tasche gibt es genaue Schritt-für-Schritt-Anleitungen und viele Fotos. Ich wünsche Ihnen viel Spaß, aber Vorsicht: Das Taschennähen kann süchtig machen.

Material und Werkzeug

Selbst wenn Sie Anfängerin sind, haben Sie wahrscheinlich ausreichend Nähmaterial zuhause, um gleich beginnen zu können. Bewahren Sie Ihr gesamtes Zubehör übersichtlich an einem Platz auf und verwenden Sie es nur für Textilien, damit es nicht verschmutzt.

STOFF

Baumwolle

Baumwolle ist einfach zu verarbeiten, preisgünstig und in vielen Stärken erhältlich. Bedruckte und unifarbene Baumwollstoffe werden für Patchwork- und Quiltarbeiten hergestellt und eignen sich für Anfänger ausgezeichnet. Auch Kleidungsstoffe stehen in großer Auswahl zur Verfügung. Nähen Sie geräumige, ungefütterte Taschen aus stabilem Nessel oder aus robustem Jeansstoff.

Wohntextilien

Die meisten Dekostoffe sind für Taschen geeignet. Viele dieser Stoffe sind sehr strapazierfähig, doch sollten Sie jene vermeiden, die stark ausfransen. Manche Dekostoffe sind sogar mit einer Schmutz abweisenden Schicht (Imprägnierung) versehen.

Wachstuch

Dieser glänzende, beschichtete Stoff ist in zarten oder auffälligen Mustern erhältlich. Stecken Sie Wachstuch nicht mit Stecknadeln zusammen, da sie Löcher hinterlassen. Benutzen Sie stattdessen einen Klebestreifen. Die Oberschicht eines Wachstuchs bleibt am üblichen Nähfüßchen haften, legen Sie deshalb einen Streifen Seidenpapier darüber oder setzen Sie einen Teflon-Nähfuß ein.

Filz

Schneiden Sie Filzapplikationen aus einfachem Bastelfilz zu. Dieses nicht fransende Material ist billig und in vielen Farben erhältlich. Nähen Sie aber keine komplette Tasche aus Bastelfilz, da er dafür nicht haltbar genug ist. Für Taschen eignet sich industriell gefertigter Filz, doch der ist sehr dick und muss mit einer Ledernadel genäht werden.

Futterstoff

Füttern Sie die Taschen mit Baumwollstoff – z.B. in leuchtenden Kontrastfarben oder mit unkonventionellen Mustern. Vermeiden Sie synthetischen Futtertaft oder Seidenfutter, die für häufigen Gebrauch nicht robust genug sind. Nur Abendtaschen bilden hier eine Ausnahme. Damit das Innenfutter gut sitzt, schneiden Sie es ein klein wenig knapper zu als die Tasche und dehnen Sie es, sobald Sie es mit der Taschenaußenseite verbinden.

PFLEGE

Wenn Sie Ihre Tasche später waschen möchten, müssen Sie den Stoff noch vor der Verarbeitung vorwaschen (es sei denn, er muss chemisch gereinigt werden). Nur so können Sie sicher sein, dass der Stoff später nicht einläuft. Da eine Tasche beim Waschen sehr leicht die Form verliert, sollten Sie das Waschen möglichst ganz vermeiden. Denken Sie daran, dass Sie Flecken auch mit einem feuchten Tuch und einem leichten Waschmittel abreiben können. Sie können Taschen auch mit einem Imprägnierspray einsprühen, doch sollten Sie dies immer zuvor an einem Stoffrest austesten.

△ Baumwolle

△ Wohntextilien

△ Filz

△ Einlagen

△ Verzierungen

EINLAGEN

Die Einlage ist, auch wenn sie in Ihrer fertigen Tasche nicht zu sehen sein wird, genauso wichtig wie der Stoff, aus dem die Tasche genäht ist. Eine Einlage stützt, verstärkt und lässt die Tasche professionell aussehen. Einlagen gibt es in verschiedenen Stärken, zum Einnähen oder Aufbügeln. Befestigen Sie einnähbare Einlage auf die linke Stoffseite der einzelnen Stoffstücke und heften Sie die Außenkanten aufeinander. Bügeln Sie aufbügelbare Einlage mit ihrer glänzenden Seite auf die linke Stoffseite.

Mittlere und feste Einlage, einnähbar oder aufbügelbar

Diese vielseitigen Einlagen sind für die meisten Stoffarten geeignet und passen besonders zu leichteren Stoffen, für die die anderen Einlagen zu steif sind. Mittelstarke Einlage ist weich und stützt eine Tasche, die mit Rüschen oder Falten genäht wurde.

Feste flexible Einlage, aufbügelbar

Eine solche Einlage ist stabil und dennoch leicht. Sie eignet sich für viele der hier beschriebenen Modelle.

Extrasteife Einlage, aufbügelbar

Verwenden Sie einen Streifen dieser besonders festen Einlage, um eine Tasche zu verstärken und zu versteifen. Kleiden Sie aber nicht die gesamte Tasche damit aus, denn es ist nahezu unmöglich, die Tasche nach dem Nähen zu wenden.

Ultrastarke Einlage, aufbügelbar

Diese sehr stabile, nähbare Einlage verstärkt die Tasche, fühlt sich aber weich an. Sie ist etwas unhandlich zu verarbeiten und zieht Falten beim Nähen und Wenden, diese lassen sich aber am Ende gut ausbügeln, und Sie erhalten eine sehr robuste Tasche.

Mitteldickes Volumenvlies, aufbügelbar

Volumenvlies gibt einer Tasche ihre Weichheit. Auch wenn Sie die Fläche bügeln, bleibt das Volumenvlies dick und erhaben. Eine Alternative ist dünnes Volumenvlies, mit dem Sie die linke Stoffseite wattieren.

KLEBEVLIES, AUFBÜGELBAR

Beidseitig haftendes Klebevlies hat zwei Klebeseiten. Eine davon ist mit einer Papierseite geschützt, die später entfernt wird. Es wird dazu benutzt, zwei Stoffe aufeinander zu fixieren. Benutzen Sie Klebevliese für Applikationen, bei denen das Motiv aus Stoff oder Filz zugeschnitten und mit Hilfe des Bügeleisens auf einen Hintergrund geklebt wird.

VERZIERUNGEN

Ein großer Spaßfaktor beim Taschennähen ist die große Auswahl von Verzierungen, die im Handel erhältlich sind. Umgeben Sie sich mit Glanz und Glamour durch Perlen, Pailletten, Bändchen, Borte oder Zackenlitze, die Sie auf die Tasche oder die Henkel nähen. Es gibt auch fertig gestickte Motive und kleine Bommeln, mit denen Sie eine Tasche aufpeppen können. Arbeiten Sie Zugschnüre aus farbenfrohen Kordeln oder Bändern und verwenden Sie Gurtband für starke Trageriemen. Füllen Sie Paspelkanten mit Paspelschnur.

METALLTEILE

Gut sortierte Handarbeitsläden und Kurzwarenabteilungen führen nützliche Zubehörteile für Taschen. Auch im Internet finden Sie viele davon.

Taschenbügel

Es gibt zwei Möglichkeiten, den Stoff an einem Taschenbügel zu befestigen. Entweder Sie kleben die Oberkante in eine Rille im Taschenbügel ein oder Sie nähen sie durch einzelne Löcher fest, die sich im Bügel befinden. Es gibt auch Taschenbügel aus Plastik. Viele Taschenbügel haben ausklappbare Ringe, an denen eine Kette befestigt werden kann. Ist die Tasche nicht in Gebrauch, werden die Ringe weggeklappt und sind nicht sichtbar.

Metall-Ösen

Es gibt sie in den Größen 5, 8, 11 und 12 mm. Die Größe gibt den Durchmesser der Öffnung an. Ösen sind vernickelt, vergoldet und farbig erhält-

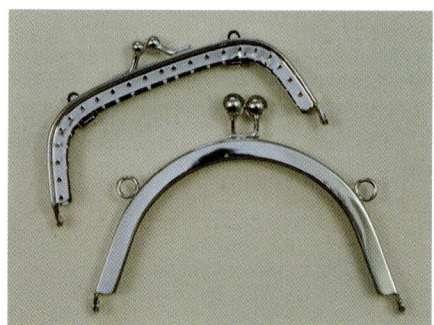

△ Taschenbügel

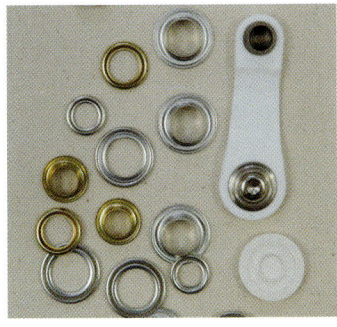

△ Metall-Ösen

△ Ringe und Gleiter

△ Karabiner

△ Taschenfüße

lich. Drücken Sie die kleinsten Ösen mit einer Spezialzange in den Stoff. Die größeren Ösen bestehen aus zwei Teilen, die mit Hilfe eines mitgelieferten Werkzeugs eingestanzt werden. Sie benötigen außerdem einen Hammer.

Metallringe und Gleiter
D-Ringe und runde Ringe dienen dazu, Bänder und Träger festzustellen. Verstellen Sie die Länge eines Trägers mit Hilfe eines Gleiters.

Drehbarer Karabinerhaken
Verwenden Sie diesen abnehmbaren Verschluss, wenn Sie an eine Tasche eine Kette oder einen Träger anhängen wollen. Wenn Sie den Träger abnehmen, haben Sie eine Unterarmtasche.

Bodennägel
Befestigen Sie vier Metallfüße auf der Unterseite einer Tasche mit flachem Boden (eine Verstärkung mit Plastik-Stickgitter ist hierbei erforderlich). Die Bodennägel heben die Tasche ein wenig an und schützen den Taschenboden.

Zipper
Auch wenn es für eine Reißverschlusstasche nicht zwingend nötig ist, so können Sie den Zipper mit Hilfe einer Zange abzwicken und durch einen dekorativeren Anhänger ersetzen.

Kordelstopper und Kordelenden
Fädeln Sie beide Enden einer Zugkordel durch einen Kordelstopper. Dieser fixiert die Kordel an der zugezogenen Öffnung des Beutels. Drücken Sie den Knopf nach unten und lösen Sie den Stopper, um so die Kordel wieder zu lockern. Kordelenden sind innen hohl und verdecken die losen Fadenenden einer Kordel.

Hohlnieten
Fixieren Sie Träger mit Hohlnieten an einer Tasche. Sie sind schnell anzubringen und wirken sehr professionell.

VERSCHLÜSSE
Neben den unsichtbaren Verschlussmöglichkeiten, die sich innerhalb der Tasche befinden, gibt

es noch viele andere und sehr dekorative äußere Verschlüsse. Manche davon sind magnetisch und leicht zu öffnen und zu schließen. Knöpfe und Schnallen sind die traditionellen Verschlüsse, doch können Sie eine Tasche mit einer dekorativen Gürtelschließe zusätzlich aufwerten. Ein Reißverschluss ist ebenfalls eine sichere Verschlusstechnik – wählen Sie eine Farbe, die entweder genau passt oder sich kontrastreich abhebt.

Magnetverschlüsse
Diese einfach zu bedienenden Verschlüsse geben Ihrer Tasche den professionellen Schliff. Ein Magnetverschluss besteht aus zwei magnetisch aufgeladenen Hälften, deren Pole sich gegenseitig anziehen. Jedes Teil hat zwei Metallflügel, die durch den Stoff und durch eine Unterlegscheibe geschoben und zusammengedrückt werden. Diese liegt zwischen der Tasche und dem Taschenfutter. Mit Magneten kann auch die Klappe einer Unterarmtasche verschlossen werden.

△ Kordelstopper und Kordelenden

△ Hohlnieten

△ Verschlüsse

△ Magnetverschlüsse

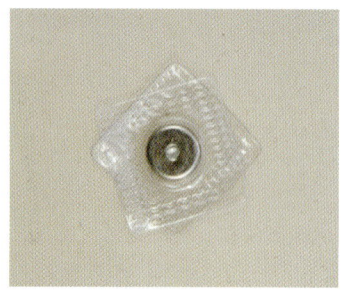
△ Unsichtbarer Druckknopf

△ Stickgitter aus Plastik

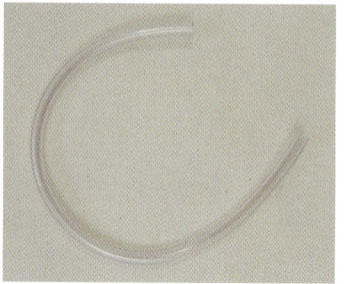
△ Plastikschlauch

△ Korsettstäbchen

Unsichtbar einnähbarer, magnetischer Verschluss

Dieser dezente Magnetverschluss ist nicht sichtbar, obwohl er festgenäht werden muss. In jedem Teil befindet sich ein Magnet, der zwischen zwei dünnen PVC-Scheiben eingebettet ist. Nähen Sie die Teile auf die linke Seite der Futterstoffe von Vorder- und Rückseite.

STICKGITTER

Diese Art von Plastikgitter wird von den Stickerinnen für dreidimensionale Objekte benutzt. Schneiden Sie eine Grundfläche aus Stickgitter als Versteifung eines Taschenbodens und als Befestigung für die Bodennägel zu. Verzichten Sie auf Pappkarton als Verstärkung, denn er verbiegt sich, bricht und verträgt keine Feuchtigkeit.

GRIFFE

Es gibt viele verschiedene fertige Taschengriffe aus Holz, Metall, Leder und Bambus. Wählen Sie

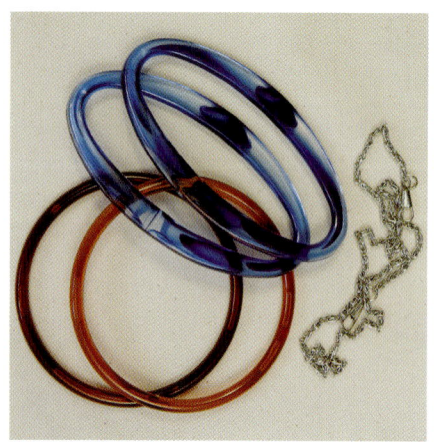
△ Griffe

einen Griff, der zum Stil Ihrer Tasche passt. Suchen Sie auch in Second-Hand-Läden und auf Flohmärkten, finden Sie billige Taschen, deren beste Zeiten zwar vorbei sind, aber elegante Griffe haben. Entfernen Sie die Griffe und verwenden Sie sie für Ihre neue Tasche. Fertige Kettengriffe haben einen kleinen drehbaren Karabiner an jedem Ende, mit dem die Kette in einen Ring oder einen Taschenbügel eingehängt werden kann.

PVC-Schlauch

Schieben Sie diesen preisgünstigen, flexiblen Schlauch in einen Stoffschlauch, schon haben Sie einen gebogenen Griff, der bequem zu tragen ist. PVC-Schläuche gibt es in verschiedenen Stärken, meist passt ein Durchmesser von 1 cm.

KORSETTSTÄBCHEN

Diese Plastikstäbchen werden üblicherweise in Korsagen eingearbeitet. In einer Taschenöffnung verhindern sie, dass die Öffnung auseinanderklafft. Wenn Sie in den Seitennähten befestigt werden, kann die Tasche nicht in sich zusammenfallen.

SCHNITTMUSTERPAPIER

Spezielles Schnittmusterpapier ist in Kurzwarenläden erhältlich, doch ist es für das Nähen von Taschen nicht unbedingt erforderlich. Wenn Sie einen Schnitt öfter benutzen möchten, sollten Sie ihn aus festerem Papier schneiden, wie z. B. Packpapier. Transparentpapier und Butterbrotpapier eignen sich gut, um Vorlagen durchzupausen oder wenn Sie Motive genau positionieren möchten.

WERKZEUGE ZUM SCHNITTE HERSTELLEN

Verwenden Sie einen harten Bleistift HB oder einen feinen Minenstift, um exakt zeichnen zu können. Ziehen Sie gerade Linien mit Hilfe eines Lineals und Kreise mit Hilfe eines Zirkels. Nehmen Sie ein Geodreieck für exakte Winkel auf Papier oder Stoff.

WERKZEUGE ZUM MESSEN

Messen Sie runde Teile mit einem textilen oder kunststoffbeschichteten, flexiblen Maßband ab. Durchsichtige Lineale von 30 und 45 cm Länge sind für das Abmessen und Zeichnen von geraden Linien gut geeignet.

WERKZEUGE ZUM ZUSCHNEIDEN

Schneiden Sie Papier mit der Papierschere. Schneiderscheren mit geknickten Griffen sind bequem und schneiden Stoff sehr genau, da die untere Klinge flach unter den Stoff geschoben wird und diesen nicht anhebt. Gute Scheren sind

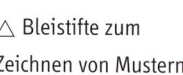

△ Bleistifte zum Zeichnen von Mustern

△ Messwerkzeuge

teuer, doch halten sie ein Leben lang. Es gibt Scheren in verschiedenen Größen, daher sollten Sie sie unbedingt vor dem Kauf ausprobieren. Eine Stickschere ist zum Abschneiden von Fäden und zum einseitigen Zurückschneiden von Nahtzugaben nützlich. Schneiden Sie Löcher für große Ösen und Schlitze für Magnetverschlüsse und Bodennägel mit Hilfe eines Grafikmessers (Cutter) in den Stoff. Arbeiten Sie dafür auf einer speziellen Unterlage. Löcher können Sie auch mit dem Nahttrenner schneiden. Wenn Sie einen Reißverschlusszipper austauschen möchten, schneiden Sie den alten einfach mit einer Drahtzange ab.

STOFFMARKIERER

Zeichnen Sie mit selbstlöschendem Stift auf Stoff, denn die Linien verschwinden nach einer gewissen Zeit ganz von selbst. Eine Alternative sind wasserlösliche Stifte, deren Linien mit Wasser entfernt werden. Schneiderkreide gibt es in verschiedenen Farben, in Keilform oder als Stift. Halten Sie Ihre Schneiderkreide scharf, um exakt anzeichnen zu können. Kreidelinien lassen sich ausbürsten, doch manchmal bleibt ein leichter Schatten zurück. Testen Sie alle Stifte vorab auf einem Stoffrest.

BÜGELEISEN UND ZUBEHÖR

Das Geheimnis einer perfekten Tasche ist gutes Bügeln. Bügeln Sie den Stoff nach jeder Naht.

Arbeiten Sie mit einem guten Bügeleisen, vorzugsweise mit einem Dampfbügeleisen. Ein Reisebügeleisen ist praktisch, um in schmalen Bereichen bügeln zu können. Für das Nähen von Taschen ist auch ein Ärmelbrett unverzichtbar, denn Sie können die Tasche darüberschieben, was beim großen Bügelbrett in der Regel nicht möglich ist. Das Schneiderkissen – ein fest gestopftes, rundes Kissen – eignet sich gut für das Überbügeln von Kurven. An engen Stellen ist Fingerbügeln möglich, indem Sie mit dem feuchten Finger eine Naht glatt streichen.

NADELN UND STECKNADELN

Nadeln für die Nähmaschine gibt es in verschiedenen Stärken und mit unterschiedlichen Spitzen. Je kleiner die Kennzahl, desto feiner ist die Nadel. Üblich sind die Stärken 70 bis 90. Für das Handnähen gilt: Je kleiner die Kennzahl, desto feiner und kürzer ist die Nadel. Sticknadeln haben ein großes Öhr, um die dickeren Stickgarne aufzunehmen. Sticknadeln und Nähnadeln eignen sich für alle üblichen Nähtechniken, Nr. 8 ist eine nützliche Stärke.

WOLLNADEL

Die Wollnadel hat eine stumpfe Spitze und ein großes Öhr. Fädeln Sie eine Zugschnur in die dicke Wollnadel ein, um sie durch einen Stofftunnel zu ziehen, oder wenden Sie einen Stoffschlauch damit auf rechts.

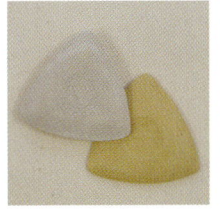 

△ Schneiderkreide △ Schrägstreifenformer

SCHLAUCHWENDER

Ein Schlauchwender ist zum Wenden von langen engen Stoffschläuchen viel praktischer als die Wollnadel. Eine Hakenöse am Ende eines langen Drahts wird durch einen Schlauch geschoben, das Ende einer Zugschnur oder des Stoffschlauchs daran befestigt und dann durch die Öffnung zurückgezogen.

SCHRÄGSTREIFENFORMER

Ziehen Sie einen geraden oder schräg geschnittenen Stoffstreifen durch den Former. Die Seitenkanten tauchen, gleichmäßig umgeschlagen, am anderen Ende des Formers auf. Bügeln Sie darüber (siehe Tasche Seite 82–85). Schrägstreifenformer gibt es in verschiedenen Breiten.

ZANGE

Drücken Sie die Flügel von Magnetverschlüssen und Bodennägeln mit Hilfe einer Zange flach. Die Backen einer Flachzange sind in Größe und Form meist genau richtig.

 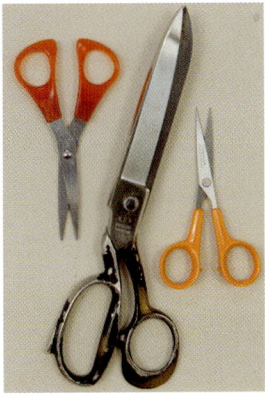  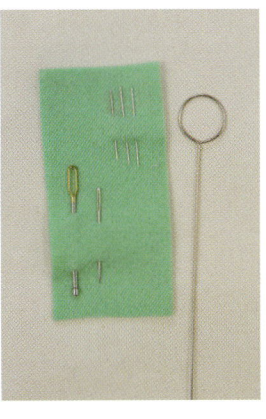 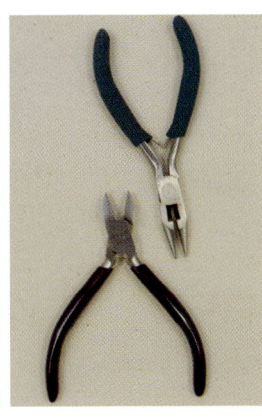

△ Schneidematte und Grafikmesser

△ Scheren

△ Markierstifte für Stoff

△ Schlauchwender und Nadeln

△ Zange

Techniken

Machen Sie sich mit den Grundtechniken vertraut und probieren Sie Methoden aus, die neu für Sie sind. Üben Sie zuerst an Stoffresten, bevor Sie mit dem eigentlichen Projekt beginnen. Bei den Anleitungen ist es wichtig, entweder metrische Maße oder die Imperialmaße zu benutzen, aber nie eine Kombination beider.

Halten Sie für alle Arbeiten Ihr Nähkästchen griffbereit. Darin sollten die Schneiderschere, die Stickschere, ein Lineal, ein Maßband, Stecknadeln, Wollnadel und ein selbstlöschender oder wasserlöslicher Stift oder eine Schneiderkreide ihren Platz haben.

ZUSCHNEIDEN

Nützliche Schablonen finden Sie auf den Seiten 132 bis 141. Viele der Taschen in diesem Buch sind aber ganz einfach aus rechteckigen und quadratischen Teilen konstruiert, die Sie direkt auf den Stoff zeichnen können. Benutzen Sie dafür selbstlöschenden Stift, wasserlöslichen Stift oder Schneiderkreide, für gerade Linien nehmen Sie ein Lineal zu Hilfe.

Gewebte Stoffe lassen sich in verschiedene Richtungen ziehen und dehnen sich unterschiedlich. Der gerade Fadenlauf ist die Richtung, in der die Fäden gewebt wurden. Die Kette, also die Längsfäden, verläuft parallel zur Webkante. Die Kette hat die geringste Dehnung, und das bedeutet, dass eine Naht in dieser Richtung nicht beult oder ausleiert. Der Schuss, also die Querfäden, die von Webkante zu Webkante verlaufen, dehnt sich ein wenig mehr als die Kette. Schneiden Sie Rechtecke und Quadrate immer parallel zu Kette und Schuss zu.

Auf Schnittvorlagen findet sich immer ein Pfeil, der den geraden Fadenlauf angibt. Auf Vorlagen, bei denen der Stoff gefaltet wird, knickt der Pfeil auf den Stoffbruch ab. Halten Sie den Pfeil parallel zum Fadenlauf des Stoffes, wenn Sie den Schnitt auflegen. Breiten Sie den Stoff flach auf einer Fläche aus. Um Teile zweifach auszuschneiden, falten Sie den Stoff längs oder quer im Fadenlauf, um eine doppelte Stofflage zu erhalten. Stecken Sie die Vorlage auf oder zeichnen Sie den Umriss auf den obenliegenden Stoff. Hat die Vorlage eine Bruchlinie eingezeichnet, dann legen Sie diese genau an den Stoffbruch. Stecken Sie die Lagen aufeinander fest. Schneiden Sie den Stoff

sorgfältig auf den Linien aus. Schneiden Sie die Kerben ein (dies sind die kleinen Linien, die von der Außenkante nach innen weisen und die beim Nähen mit den gegenüberliegenden Kerben zusammentreffen müssen). Kennzeichnen Sie anschließend alle Markierungspunkte und Markierungskreuze mit einer Stecknadel, einem selbstlöschenden oder wasserlöslichen Stift oder mit Schneiderkreide.

MUSTER AUSRICHTEN

Wenn Ihr Stoff ein schönes Muster hat, dann möchten Sie es sicher im Ganzen zeigen, z. B. auf der Vorderseite der Tasche. Falten Sie einen Bogen Transparent- oder Butterbrotpapier und legen Sie den Falz an die Faltlinie der Vorlage. Pausen Sie die Vorlage durch und schneiden Sie sie aus Transparentpapier zu. Markieren Sie die Nahtzugaben und den Fadenlauf. Falten Sie die Vorlage in Viertel, um die Mitte zu finden. Dann falten Sie sie wieder auf. Legen Sie die transparente Vorlage mittig über das Stoffmuster, der Fadenlauf liegt entlang dem Pfeil und das Motiv in der Mitte der Vorlage. Stecken Sie sie fest und schneiden Sie den Stoff zu. Wenn Sie gestreifte oder karierte Stoffe oder Stoffe mit einem sich wiederholenden Muster verwenden, dann legen Sie die Vorlage so auf, dass die Muster symmetrisch sind.

△ Vorlage feststecken, dann zuschneiden

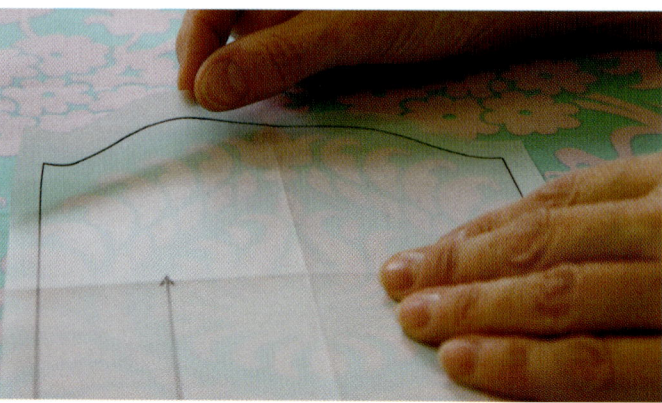

△ Muster ausrichten

NÄHEN

Legen Sie zuerst die Nahtzugaben mit den Kanten aufeinander und stecken Sie dann die Stoffe zusammen. Schieben Sie die Stecknadeln im rechten Winkel zur Naht in den Stoff, sodass Sie mit der Nähmaschine darübernähen können.

Alternativ dazu können Sie die Stecknadeln parallel zur Naht stecken und während des Nähens rechtzeitig herausziehen. Probieren Sie aus, mit welcher Methode Sie am besten zurechtkommen.

Heftstiche halten die Lagen kurzfristig zusammen. Je mehr Übung Sie haben, desto weniger sind Sie vom Heften abhängig. Heften Sie von Hand oder mit einem langen Nähmaschinenstich. Das Heften ist vor allem bei engen Kurven nützlich oder wenn Sie viele Lagen aufeinanderbringen müssen. Wählen Sie einen Heftfaden in Kontrastfarbe zum Stoff, damit er deutlich sichtbar ist und nach dem Maschinennähen gut entfernt werden kann.

Die Taschen in diesem Buch werden auf der Nähmaschine und mit Geradstichen genäht. Machen Sie an Anfang und Ende einige Rück- und Vorstiche, um den Faden zu verankern. Eine exakte Naht hat durchweg den gleichen Abstand zur Stoffkante. Auf der Stichplatte Ihrer Nähmaschine finden Sie Markierungslinien in standardisierten, nahtzugabenbreiten Abständen. Führen Sie die Stoffkanten an immer der gleichen Markierungslinie entlang, damit die Naht gleichmäßig breit wird. Manchmal ist es für die Genauigkeit einer Naht hilfreich, am Anfang und am Ende von Hand einige kleine Rückstiche zu machen. Dies gilt vor allem für Lagen aus Stoff und Volumenvlies.

Steppstiche sind Geradstiche auf der Vorderseite des Stoffes, parallel zur Naht oder zur gebügelten Kante. Sie verbinden die Stoffe und sind zusätzlich dekorativ. Die Nähte von ungefütterten Taschen werden mit Zickzackstichen versäubert. Stellen eine Stichbreite und Stichlänge auf ca. 3 mm ein.

NÄHTE VERSTEIFEN

Seitennähte einer tiefen Tasche werden mit Korsettstäbchen versteift. Schneiden Sie die Stäbchen auf die Länge der Naht minus 6 mm und minus zwei Nahtzugabenbreiten zu. Bügeln Sie die Nahtzugaben auseinander. Legen Sie das Stäbchen unter die vordere Taschennaht und dort auf die linke Seite der Nahtzugabe, halten Sie einen Abstand von 3 mm zur Nahtzugabenkante. Stecken Sie die andere Nahtzugabenkante beiseite und nähen Sie mittig durch das Stäbchen hindurch, um es zu fixieren.

NAHTZUGABEN EINSEITIG ZURÜCKSCHNEIDEN

Verringern Sie die Stoffmenge in einer Naht, indem Sie die Kanten der Nahtzugaben unterschiedlich breit zurückschneiden.

ECKEN UND KURVEN EINSCHNEIDEN

Schneiden Sie mit einer Stickschere v-förmige Einschnitte in die Nahtzugaben von Kurvennähten. Nahtzugaben einer Ecke schneiden Sie schräg ab. Dadurch legen sich die Nahtzugaben flach. Schneiden Sie jedoch nicht in die Naht!

BLINDSTICHE VON HAND

Bei vielen Projekten werden Handstiche verlangt, z. B. Blindstiche, mit denen Sie Wendeöffnungen in Futterstoffen schließen müssen. Wenn Sie eine Wendeöffnung einplanen, sollte diese immer entlang einer geraden Naht liegen, nicht in einer Kurve, denn gerade Nähte sind einfacher zu schließen. Machen Sie möglichst kleine Stiche. Arbeiten Sie mit einem einfachen Faden von links nach rechts. Bringen Sie die Nadelspitze an einer umgefalteten Stoffkante nach oben. Fassen Sie einige Gewebefäden auf der gegenüberliegenden gefalteten Kante und schieben Sie die Nadel ca. 5 mm weiter vorn wieder zurück zur ersten Kante. Wiederholen Sie dies entlang der ganzen Wendeöffnung.

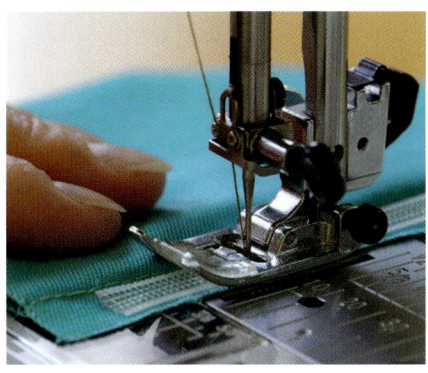

△ Nähte versteifen

△ Nahtzugaben einseitig zurückschneiden

△ Ecken und Kurven einschneiden

△ Blindstiche

ARBEITEN MIT SCHRÄGSTREIFEN

Stoffstreifen, die im diagonalen Fadenlauf zugeschnitten sind, werden für Griffe mit eingeschobenem PVC-Schlauch sowie als Einfassung und für Paspelstreifen benutzt. Achten Sie stets darauf, dass der Schrägstreifen beim Nähen nicht gedehnt wird.

1 Falten Sie den Stoff im 45°-Winkel zur Webkante. Dieser diagonale Falz ist der Schrägfadenlauf. Bügeln Sie den Falz und falten Sie den Stoff wieder auf. Zeichnen Sie mit einem Markierstift weitere Linien parallel zum Falz im gewünschten Abstand. Schneiden Sie entlang dieser Linien.

2 Legen Sie zwei Enden der Schrägstreifen im rechten Winkel rechts auf rechts, die kurzen Kanten liegen aufeinander. Nähen Sie mit 6 mm Nahtzugabe quer darüber und schneiden Sie dann die überstehenden Ecken ab.

MAGNETVERSCHLUSS ANBRINGEN

Ein magnetischer Verschluss ist einfach zu bedienen, gibt einer Tasche ein professionelles Aussehen und schließt gut und sicher.

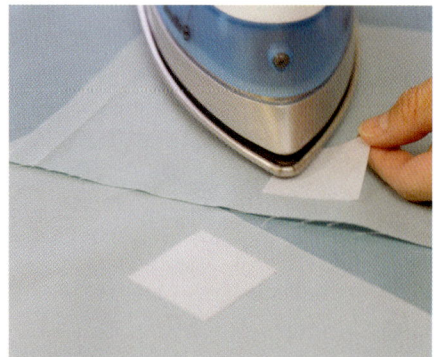

1 Der Bereich hinter dem Magnetverschluss muss mit Einlage verstärkt werden. Wenn der Stoff, in der Regel das Futter, noch nicht hinterlegt ist, bügeln Sie ein 4 x 4 cm großes Quadrat aus Einlagenmaterial auf die linke Seite des Bereichs, in welchen Sie den Verschluss einarbeiten möchten.

△ Die Abendtasche mit Schleife (Seite 120–123) hat einen Magnetverschluss.

2 Markieren Sie mit einem geeigneten Stift die Mitte der Taschenklappe mit einem Kreuz auf der rechten Stoffseite. Legen Sie eine Unterlegscheibe auf den Stoff, sodass die Markierung mittig darin zu sehen ist. Markieren Sie die Position der beiden Einschnitte für die Flügel.

3 Entfernen Sie die Scheibe. Legen Sie die Tasche auf eine Schneidematte und schneiden Sie mit einem Grafikmesser Schlitze an die markierten Stellen durch Stoff und Einlage.

4 Schieben Sie die Flügel des Verschlusses durch die Schlitze bis zur Rückseite des Stoffes und durch die Öffnung der Scheibe, biegen Sie sie dann mit Hilfe einer Zange auseinander. Drücken Sie den Verschluss mit einer Flachzange flach. Stellen Sie nun die Tasche fertig.

KNÖPFE ANNÄHEN

Knöpfe, die auf der Unterseite eine Öse haben, sitzen beim Verschließen gut auf der Taschenaußenseite, ohne den Stoff zu quetschen. Bei normalen Lochknöpfen mit flacher Rückseite müssen Sie einen ausreichend hohen Fadenhals nähen.

1 Um einen Fadenhals zu nähen, verankern Sie zunächst einen doppelt gelegten Faden an der Stelle, an welcher der Knopf sitzen soll. Schieben Sie die Nadel von unten durch eines der Löcher. Legen Sie einen Zahnstocher unter den Knopf und führen Sie die Nadel durch das benachbarte Loch nach unten und durch den Stoff. Nähen Sie den Knopf mit etwa sechs solcher Stiche fest.

2 Ziehen Sie den Zahnstocher heraus und heben Sie den Knopf an, sodass die Stiche straff gespannt sind. Winden Sie den Faden mehrmals um die Stiche unter dem Knopf und formen Sie so den Fadenhals. Sichern Sie das Fadenende sorgfältig auf der linken Stoffseite.

BODENNÄGEL BEFESTIGEN

Solche metallenen Füße heben die Tasche ein wenig vom Boden ab und schützen ihre Unterseite. Bringen Sie die Bodennägel an, sobald die Außenhülle fertig ist und das verstärkende Stickgitter im Taschenboden liegt. Das Futter darf noch nicht eingenäht sein.

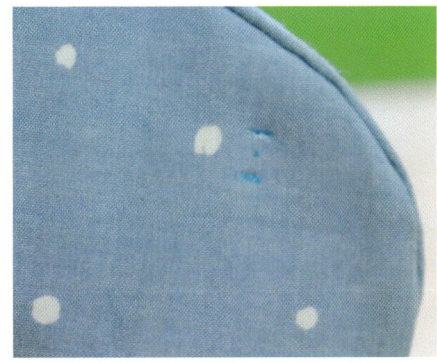

1 Markieren Sie die Position der vier Bodennägel auf der rechten Stoffseite des Taschenbodens. Kennzeichnen Sie die Stellen mit einem Kreuz, das mindestens 2,5 cm von den Außenkanten entfernt liegen muss. Verwenden Sie einen Markierstift oder Schneiderkreide. Legen Sie eine Unterlegscheibe auf die Innenseite, sodass das Kreuz genau in der Mitte liegt. Zeichnen Sie die Stellen für die Schlitze ein.

△ Taschenfüße an der hohen Henkeltasche (Seite 22–25)

2 Entfernen Sie die Unterlegscheibe des Bodennagels. Schneiden an jeder gekennzeichneten Stelle vorsichtig einen Schlitz. Verwenden Sie dafür ein Grafikmesser oder die Spitze des Nahttrenners. Halten Sie das Plastikgitter fest, aber achten Sie auf Ihre Hände, damit Sie sich nicht verletzen. Schneiden Sie nicht mit einem Ruck durch den Stoff, sondern ritzen Sie zuerst die Oberfläche des Stoffes etwas an.

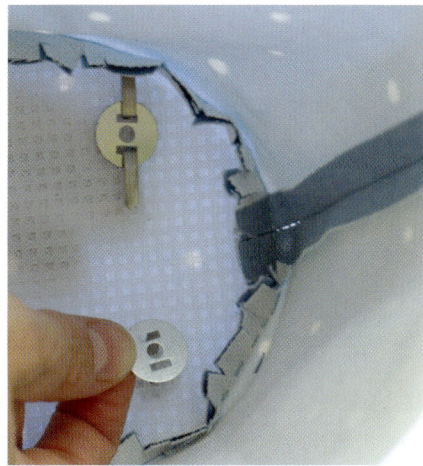

3 Schieben Sie die Flügel der Bodennägel durch die Schlitze von Stoff und Plastikgitter. Halten Sie das Plastik fest, doch nehmen Sie Ihre Finger von den Bereichen, an denen die Flügel nach oben stechen werden. Schieben Sie eine Unterleg-scheibe über die Flügel und biegen Sie sie mit Hilfe einer Flachzange nach außen. Nähen Sie nun die Tasche weiter.

TASCHENKLAPPE ANNÄHEN

Bevor Sie eine Taschenklappe festnähen, müssen Sie an den Inhalt denken, der die Tasche ausfüllen wird.

1 Markieren Sie die Ansatzstelle der Klappe auf der Taschenrückseite 2,5 cm unterhalb der Oberkante mit Stecknadeln, die senkrechte Mitte der Rückseite sowie die Mitte der geraden Oberkante der Klappe mit einer Stecknadel. Stecken Sie die Klappe an die Rückseite. Beide rechte Seiten weisen nach oben. Stecken Sie die Mittelmarkierungen aufeinander und die Klappenkante an die gesteckte Markierungslinie.

2 Befestigen Sie die Klappe auf der Vorderseite, um zu sehen, ob sie glatt über der Taschenöffnung liegt. Nehmen Sie das Maß nicht zu knapp, denn Sie müssen den späteren Inhalt der Tasche berücksichtigen. Vielleicht legen Sie eine Geldbörse in die Tasche und stecken die Klappe nach Bedarf neu an. Öffnen Sie die Klappe. Steppen Sie die hintere Klappenkante knapp entlang der geraden hinteren Kante fest und machen Sie eine zweite Steppreihe 5 mm neben der ersten Stichreihe. Vielleicht finden Sie es bequemer, für diese Nähte den Nähtisch der Nähmaschine zu entfernen.

△ Klappe der Schmetterlingstasche (Seite 26–29)

△ Eine runde Klappe an der Kante der hohen Henkeltasche (Seite 22–25)

△ Die Botentasche hat eine sehr große Klappe (Seite 78–81).

INNENTASCHEN

Wenn ausreichend Platz in der Tasche ist, sind Innentaschen eine gute Idee. Darin können Sie kostbare Kleinigkeiten verstauen. Nähen Sie Innentaschen an den Futterstoff der Vorderseite, bevor Sie das Futter einnähen. Als Entscheidungshilfe für die Größe der Innentasche messen Sie ein Quadrat oder ein Rechteck ab, das mindestens 2,5 cm Abstand zu den Außenkanten und den Verschlüssen der Taschenvorderseite hat.

INNENFACH

Dies ist die einfachste aller Innentaschen und dient als Aufbewahrungsort für eine moderne Plastikkarte. Rechnen Sie 2,5 cm Saumzugabe an der Oberkante und 1 cm Saumzugabe an den Seiten und der Unterkante hinzu. Schneiden Sie das Innenfach aus Futterstoff zu.

1 Bügeln Sie zuerst 1 cm, dann 1,5 cm der Oberkante nach links um. Nähen Sie dicht entlang der beiden gebügelten Kanten.

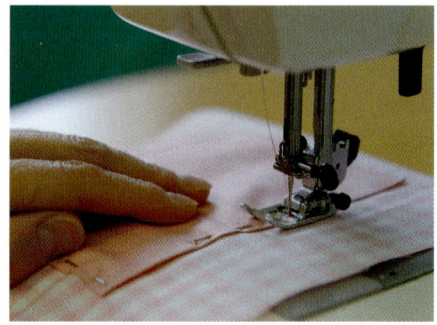

2 Bügeln Sie jeweils 1 cm an der Unterkante und an den Seiten um. Stecken Sie das Innenfach mit der rechten Seite nach oben auf die rechte Stoffseite des Futterstoffes. Steppen Sie dicht entlang der Seitenkanten und der Unterkante.

INNENTASCHE MIT REISSVERSCHLUSS

Nähen Sie eine besonders diebstahlsichere Innentasche mit Reißverschluss. Wählen Sie einen Reißverschluss, der ca. 3 cm kürzer ist als die Breite der Innentasche. Rechnen Sie 4 cm für die Nahtzugaben an der Unterkante und den Seiten hinzu. Schneiden Sie die Innentasche aus Futterstoff zu. Schneiden Sie das Stoffstück 4,5 cm unterhalb und parallel zur Oberkante quer durch, sodass Sie zwei Teile haben.

1 Stecken Sie beide Teile an den zuvor geschnittenen Kanten mit Stecknadeln rechts auf rechts. Steppen Sie die seitlichen Kanten 1,5 cm von der Schnittkante entfernt jeweils um 2,5 cm zusammen. Schließen Sie die Nahtstrecke dazwischen mit langen Heftstichen.

2 Nahtzugaben auseinanderbügeln. Reißverschluss rechts auf links mittig entlang der Naht festheften.

3 Nähen Sie von der rechten Stoffseite her. Setzen Sie den Reißverschlussfuß der Nähmaschine ein. Steppen Sie im Abstand von 0,75 cm an jeder Seite entlang und quer über das untere Ende des Reißverschlusses. Ziehen Sie die Heftfäden heraus und schneiden Sie, wenn nötig, die überstehenden Enden des Reißverschlusses ab.

4 Bügeln Sie die Außenkanten der Innentasche 1 cm nach links um. Tasche mit der rechten Seite nach oben auf das Futter der Vorderseite stecken. Knapp entlang der Außenkanten nähen.

△ Die Innentasche der Schultertasche mit Querträger hat einen Reißverschluss (Seiten 52–55).

INNENTASCHE MIT SEITENFALTEN

Eine solche Innentasche ist praktisch für dickere Gegenstände, wie z. B. eine Geldbörse oder ein Handy. Rechnen Sie 2,5 cm Saumzugabe entlang der Oberkante und 1 cm Nahtzugabe an der Unterkante hinzu. Für die Seiten geben Sie jeweils 3,5 cm Stoff zu. Schneiden Sie die Tasche aus Futterstoff zu.

1 Bügeln Sie zuerst 1 cm, dann 1,5 cm der Oberkante nach links um und steppen Sie entlang der beiden gebügelten Kanten. Falten Sie an der Unterkante an jeder Seite eine 1,2 cm tiefe Falte, die im Abstand von 2 cm zur Seitenkante nach außen weist. Heften Sie die Falten 2 cm oberhalb der Unterkante fest.

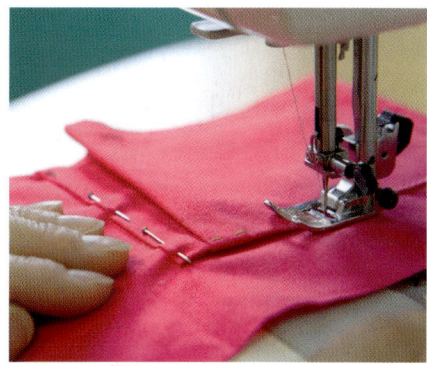

2 Bügeln Sie an der Unterkante und dann an den Seitenkanten jeweils 1 cm Nahtzugabe nach links um. Stecken Sie die Tasche mit der rechten Seite nach oben auf das Futter der Taschenvorderseite. Halten Sie die Seiten im rechten Winkel zur Unterkante. Steppen Sie dicht entlang der gebügelten Seitenkanten und der Unterkante.

Kleine Henkeltasche

Hier haben Sie eine klassische Tasche, die auch in vielen anderen Stoffen gut aussehen würde. Der getupfte Stoff ist für eine nette Alltagstasche gerade richtig, doch aus schimmernder Seide genäht, wäre sie sogar eine schöne Abendtasche. Die Griffe sind mit PVC-Schlauch gefüllt, wodurch die Tasche bequem zu tragen ist.

Maße

Die Tasche ist 19 cm hoch und 22 cm breit (ohne Griffe).

Sie benötigen

* ❋ 0,30 m blauer, weiß gepunkteter Baumwollstoff (112 cm breit)
* ❋ 0,30 m weicher beigefarbener Dekostoff (140 cm breit)
* ❋ 0,30 m rosa gestreifter Baumwollstoff (112 cm breit)
* ❋ 0,30 m feste flexible aufbügelbare Einlage (90 cm breit)
* ❋ 0,10 m extrasteife aufbügelbare Einlage (90 cm breit)
* ❋ 0,30 m mittelfeste aufbügelbare Einlage (90 cm breit)
* ❋ 25 x 15 cm Stickgitter aus Plastik
* ❋ 4 silberne Bodennägel, ø 1,2 cm
* ❋ 70 cm PVC-Schlauch, ø 1 cm
* ❋ 1 Knopf, ø 3 cm
* ❋ Unlöschbarer Filzstift

1 ◁ Arbeiten Sie mit den Vorlagen „Kleine Henkeltasche" von Seite 136. Schneiden Sie aus dem blauen, weiß gepunkteten Stoff zwei Außenseiten und einen Taschenboden zu. Bereiten Sie dasselbe aus fester flexibler aufbügelbarer Einlage vor und schneiden Sie entlang der Schneidelinie. Bügeln Sie die Einlage auf die linken Stoffseiten. Schneiden Sie nach der Vorlage zwei Streifen aus extrasteifer aufbügelbarer Einlage zu und bügeln Sie sie innen an beide Taschenteilen 1,2 cm unterhalb der Oberkante auf.

2 △ Legen Sie die Außenseiten rechts auf rechts und schließen Sie die Seitennähte mit 1 cm breiter Nahtzugabe. Bügeln Sie die Nahtzugaben auseinander. Heften Sie die Bodenfläche rechts auf rechts in die Tasche, orientieren Sie sich dabei an den Markierungen, damit die Kurvennähte genau aufeinanderliegen. Nähen Sie mit 1 cm Nahtzugabe und bügeln Sie die Nähte.

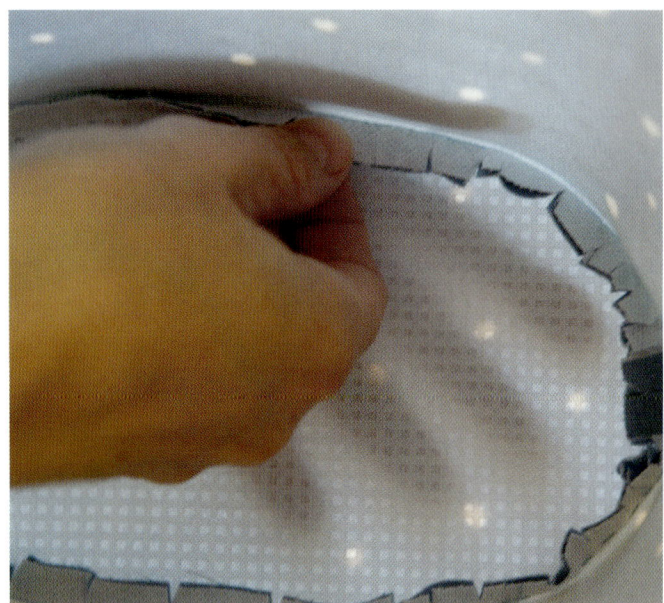

3 ◁ Wenden Sie die Tasche auf rechts. Zeichnen Sie nach der Vorlage mit unlöschbarem Stift die Form der Bodenfläche auf das Plastikgitter. Schneiden Sie sie rundum 1,2 cm kleiner aus. Legen Sie die Bodenfläche in die Tasche und achten Sie darauf, dass die Nahtzugabe auf dem Plastik liegt. Zeichnen Sie mit unlöschbarem Stift die Kreuze für die Bodennägel auf den Taschenboden und befestigen Sie vier silberne Bodennägel, wie auf Seite 15 beschrieben.

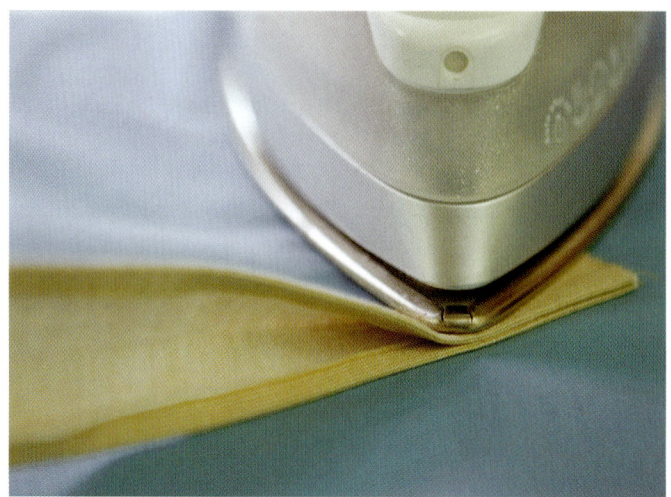

4 ▷ Für die Knopfschlaufe schneiden Sie einen 18 x 5 cm breiten Streifen aus dem beigefarbenen Dekostoff und aus mittelfester aufbügelbarer Einlage zu. Bügeln Sie die Einlage auf die linke Stoffseite des Streifens. Bügeln Sie die langen Kanten 0,6 cm weit um und falten Sie den Streifen der Länge nach links auf links zur Hälfte. Nähen Sie die gebügelten Kanten knappkantig zusammen.

6 ▽ Schneiden Sie für die Griffe zwei Schrägstreifen von 37 x 5 cm aus dem beigefarbenen Dekostoff zu. Falten Sie die Streifen der Länge nach rechts auf rechts zur Hälfte. Nähen Sie die lange Kante mit einer 0,6 cm breiten Naht zusammen und bügeln Sie die Nahtzugaben auseinander. Wenden Sie die entstandenen Schläuche mit Hilfe eines Schlauchwenders oder einer Wollnadel. Wenn Sie die Griffe versehentlich gedehnt haben, kürzen Sie sie auf 37 cm Länge.

5 △ Falten Sie beide Streifenenden zur Mitte und nach unten, sodass die langen Kanten parallel nebeneinanderliegen. Drücken Sie das gefaltete Ende zu einem flachen Dreieck. Sichern Sie die Kanten des Dreiecks mit einigen Handstichen. Stecken Sie die offenen Enden der Schlaufe rechts auf rechts mittig an die Oberkante der Taschenrückseite.

7 ▷ Halbieren Sie den PVC-Schlauch in zwei Stücke und schieben Sie jedes Teil in einen der Griffe, sodass an den Enden jeweils 1 cm Stoff übersteht. Heften Sie die Griffe an den Markierungen an die Taschenkanten, die Nähte der Griffe liegen an den Innenseiten.

8 △ Nun schneiden Sie die Teile für das Innenfutter aus dem rosa gestreiften Stoff zu. Schneiden Sie 3 mm von den Seiten- und den Oberkanten ab. Wiederholen Sie Schritt 2 für das Innenfutter und lassen Sie eine ca. 17 cm große Wendeöffnung frei. Schieben Sie die Außentasche rechts auf rechts in die Futtertasche, sodass die Seitennähte aufeinanderliegen. Entfernen Sie den Nähtisch Ihrer Nähmaschine, um bequemer arbeiten zu können. Stecken und nähen Sie die Oberkanten mit einer 1 cm breiten Naht zusammen. Schneiden Sie die Nahtzugaben einseitig zurück (siehe Seite 13). Wenden Sie die Tasche und schließen Sie die Wendeöffnung mit Blindstichen.

9 ▽ Bügeln Sie das Futter in die Tasche hinein. Steppen Sie 6 mm unterhalb der gebügelten Oberkante entlang, um die Kante zu festigen. Falten Sie die Knopfschlaufe über die Taschenvorderseite. Markieren Sie die Position des Knopfes etwa 3 cm unterhalb der Oberkante. Nähen Sie den Knopf an die Taschenvorderseite.

Hohe Henkeltasche

Die Form der Henkeltasche wird durch mehrere Reihen von gestickten Geradstichen betont. Obwohl es eine hohe Tasche ist, hält sie gut ihre Form, denn es wurde ein extrasteifer Einlagestreifen entlang der Oberkante eingebügelt und die Seiten mit Korsettstäbchen versteift.

Maße

Die Tasche ist 35 cm hoch und 30 cm breit.

Sie benötigen

* 0,60 m weicher grüner Dekostoff
  (140 cm breit)
* 0,40 m grün gestreifter Baumwollstoff
  (112 cm breit)
* 0,60 m feste flexible aufbügelbare Einlage
  (90 cm breit)
* 0,10 m extrasteife aufbügelbare Einlage
  (90 cm breit)
* Sticktwist in vier verschiedenen Blautönen
* 70 cm PVC-Schlauch, ø 1 cm
* 61 cm Plastik-Korsettstäbchen, 1 cm breit
* 25 x 15 cm Stickgitter aus Kunststoff
* 4 goldfarbene Bodennägel
* 1 Magnetverschluss, ø 2 cm

1 ◁ Arbeiten Sie mit den Schablonen „Hohe Henkeltasche" von Seite 134. Schneiden Sie aus dem grünen Dekostoff zwei Außenseiten, einen Taschenboden und zwei Taschenklappen zu sowie zwei Außenseiten, einen Taschenboden und eine Klappe aus der festen flexiblen aufbügelbaren Einlage. Bügeln Sie die Einlage auf die linken Stoffseiten. Schneiden Sie zwei Streifen aus der extrasteifen aufbügelbaren Einlage zu, wie bei den Vorlagen angegeben, und bügeln Sie die Streifen auf den Innenseiten der Tasche 1,2 cm unterhalb der Oberkante auf.

2 △ Orientieren Sie sich an der Vorlage und sticken Sie vier Geradstichreihen an den gestrichelten Linien entlang, jede Reihe in einer anderen Farbe. Besticken Sie beide äußeren Taschenteile und ein Klappenteil. Verwenden Sie vierfädigen Sticktwist und sticken Sie zuerst Vorstiche in einer Richtung, um dann auf dem Rückweg die Lücken zwischen den ersten Stichen zu schließen. Setzen Sie den weiblichen Teil des Magnetverschlusses auf die Tasche und den männlichen Teil auf die noch unbestickte Klappe, wie auf Seite 14 „Magnetverschluss anbringen" beschrieben.

3 ▷ Legen Sie die Außenseiten rechts auf rechts und schließen Sie die Seitennähte mit einer 1 cm breiten Naht. Bügeln Sie die Nahtzugaben auseinander. Wie auf Seite 13 „Nähte versteifen" beschrieben, nähen Sie jeweils ein 30,5 cm langes Korsettstäbchen aus Plastik in die Sei-tennähte ein. Heften Sie die Bodenfläche rechts auf rechts in die untere Öffnung der Tasche, orientieren Sie sich dabei an den Markierungen, damit die Kurvennähte genau aufeinanderliegen. Schneiden Sie die Nahtzugaben in den Kurven ein. Nähen Sie den Taschenboden mit 1 cm Nahtzugabe ein und bügeln Sie die Nähte. Wenden Sie die Tasche auf rechts.

4 ◁ Schneiden Sie nach der Vorlage eine Bodenfläche aus dem Stickgitter zu und schneiden Sie sie rundum 1,2 cm kleiner aus. Legen Sie das Plastikgitter in den Boden der Tasche, die Nahtzugaben müssen auf dem Gitter liegen. Zeichnen Sie mit selbstlöschendem oder wasserlöslichem Stift die Kreuze für die Taschenfüße auf den Taschenboden und befestigen Sie vier Bodennägel, wie auf Seite 15 beschrieben.

5 ▷ Schneiden Sie für die Griffe zwei Schrägstreifen von 37 x 5 cm aus dem grünen Dekostoff zu. Falten Sie die Streifen der Länge nach rechts auf rechts zur Hälfte. Nähen Sie die lange Kante mit einer 0,6 cm Naht zusammen und bügeln Sie die Nahtzugaben auseinander. Wenden Sie die entstandenen Schläuche mit Hilfe eines Schlauchwenders oder einer Wollnadel. Wenn Sie die Griffe versehentlich gedehnt haben, kürzen Sie sie auf 37 cm Länge.

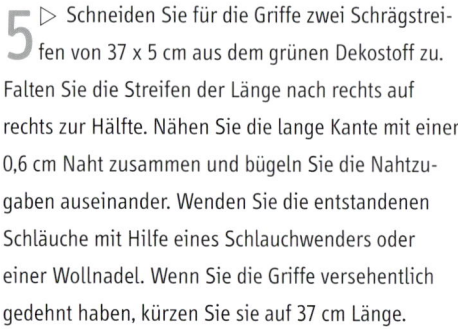

6 ▷ Halbieren Sie den PVC-Schlauch in zwei Stücke und schieben Sie jedes in einen der Griffe, sodass an den Enden jeweils 1 cm Stoff übersteht. Heften Sie die Griffe an den Markierungen an die Taschenkanten, die Längsnähte an den Griffen weisen dabei nach innen. Nun schneiden Sie die Teile für das Innenfutter (zwei Außenteile, ein Boden) aus dem grünen gestreiften Baumwollstoff zu. Schneiden Sie 3 mm von den Seiten- und den Oberkanten ab.

7 ◁ Wiederholen Sie Schritt 3 für das Innenfutter, jedoch ohne die Stäbchen in den Seitennähten. Lassen Sie eine ca. 23 cm große Wendeöffnung frei. Schieben Sie die Außentasche rechts auf rechts in die Futtertasche, sodass die Seitennähte aufeinanderliegen. Entfernen Sie den Nähtisch Ihrer Nähmaschine, um bequemer arbeiten zu können. Stecken und nähen Sie die Oberkante der Taschen mit einer 1 cm breiten Naht zusammen und setzen Sie einen Reißverschlussfuß ein, um gut über die Ansätze der Griffe nähen zu können. Schneiden Sie die Nahtzugaben einseitig zurück (siehe Seite 13).

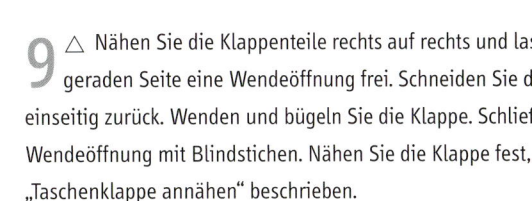

8 △ Wenden Sie die Tasche durch die Wendeöffnung im Futterstoff und schließen Sie diese mit Blindstichen. Bügeln Sie das Futter in die Tasche hinein. Steppen Sie 6 mm unterhalb der gebügelten Oberkante entlang, um die Kante zu festigen. Arbeiten Sie auch hier ohne den Nähtisch Ihrer Nähmaschine.

9 △ Nähen Sie die Klappenteile rechts auf rechts und lassen Sie an der geraden Seite eine Wendeöffnung frei. Schneiden Sie die Nahtzugaben einseitig zurück. Wenden und bügeln Sie die Klappe. Schließen Sie die Wendeöffnung mit Blindstichen. Nähen Sie die Klappe fest, wie auf Seite 16 „Taschenklappe annähen" beschrieben.

Tasche mit Schmetterlingen

Fertige Stickmotive sind eine schnelle Möglichkeit, eine schlichte Tasche zu verzieren. Manche Motive kann man aufnähen, andere haben eine Kleberückseite, mit der sie festgebügelt werden. Die Klappe dieser hübschen Tasche ist mit Schmetterlingsapplikationen geschmückt.

Maße

Die Tasche ist 20 cm hoch und 25 cm breit.

Sie benötigen

❊ 0,70 m hellbraun gestreiftes Leinen (112 cm breit)

❊ 0,30 m hellblau gemusterter Baumwollstoff (112 cm breit)

❊ 0,30 m mitteldickes aufbügelbares Volumenvlies (90 cm breit)

❊ 30 cm dünne rosa Kordel

❊ 70 cm rosa Gurtband, 2,5 cm breit

❊ 1 dicker rosa Magnetverschluss zum Anbinden

❊ 3 verschiedene, gestickte Schmetterlingsmotive

Arbeiten Sie mit 1 cm Nahtzugabe.

1 ▷ Verwenden Sie die Vorlagen von Seite 132. Schneiden Sie je zwei Teile aus dem hellbraun gestreiften Leinen, aus Vlies und aus dem hellblau gemusterten Stoff zu. Bügeln Sie das Vlies auf die Leinenteile. Fädeln Sie ein Stück der rosa Kordel durch eine Hälfte des Magnetverschlusses. Stecken Sie diesen mittig und 2,5 cm oberhalb der Unterkante an die rechte Seite eines der Leinenteile. Passen Sie die Länge der Kordel an und heften Sie sie fest. Schneiden Sie die überstehenden Kordelenden auf die Höhe der Unterkante zurück.

2 △ Stecken und heften Sie die beiden Leinenteile aufeinander und lassen Sie die gerade Oberkante offen. Schneiden Sie die Nahtzugaben in den Kurven ein und bügeln Sie sie auseinander. Der hellblaue Stoff wird das Innenfutter. Nähen Sie das Futter und wenden Sie die Außentasche auf rechts.

3 △ Schneiden Sie einen 65 x 8 cm langen Streifen aus dem Leinenstoff für den Schulterriemen zu. Bügeln Sie die Enden je 1 cm nach links um und falten Sie den Streifen der Länge nach links auf links zur Hälfte. Nähen Sie die gebügelten Kanten knappkantig zusammen.

4 ▷ Stecken Sie ein 65 cm langes Stück rosa Gurtband mittig auf den Leinenriemen und nähen Sie es an beiden Kanten knappkantig auf.

5 △ Heften Sie die Enden des Schulterriemens an der Oberkante der Tasche rechts auf rechts auf die Seitennähte. Schieben Sie die Außentasche rechts auf rechts in das Futter, sodass die Nähte und die Oberkanten aufeinanderliegen.

6 △ Entfernen Sie den Nähtisch Ihrer Nähmaschine, um bequemer arbeiten zu können. Stecken und nähen Sie die Oberkante der Taschen mit einer 1 cm breiten Naht zusammen lassen Sie eine ca. 15 cm lange Wendeöffnung frei. Wenden Sie die Tasche und schließen Sie die Wendeöffnung mit Blindstichen. Schieben Sie das Futter in die Tasche hinein und bügeln Sie die Oberkante. Steppen Sie 5 mm unterhalb der gebügelten Oberkante entlang.

7 ▷ Schneiden Sie nach der Vorlage von Seite 132 zwei Klappenteile aus Leinen und ein Klappenteil aus Vlies zu. Bügeln Sie das Vlies auf die linke Stoffseite eines der Leinenteile. Stecken Sie die gerade Kante dieses Teils rechts auf rechts 3,5 cm unterhalb der rückwärtigen Oberkante der Tasche fest. Falten Sie die Klappe über die Taschenöffnung. Ziehen Sie den Rest der rosa Kordel durch das andere Teil des Magnetverschlusses. Stecken Sie diesen Verschluss mit dem Verschlussteil auf der Tasche zusammen. Regulieren Sie die Länge der Kordel und heften Sie sie fest. Schneiden Sie die überstehenden Enden der Kordel bündig zur unteren offenen Kante ab.

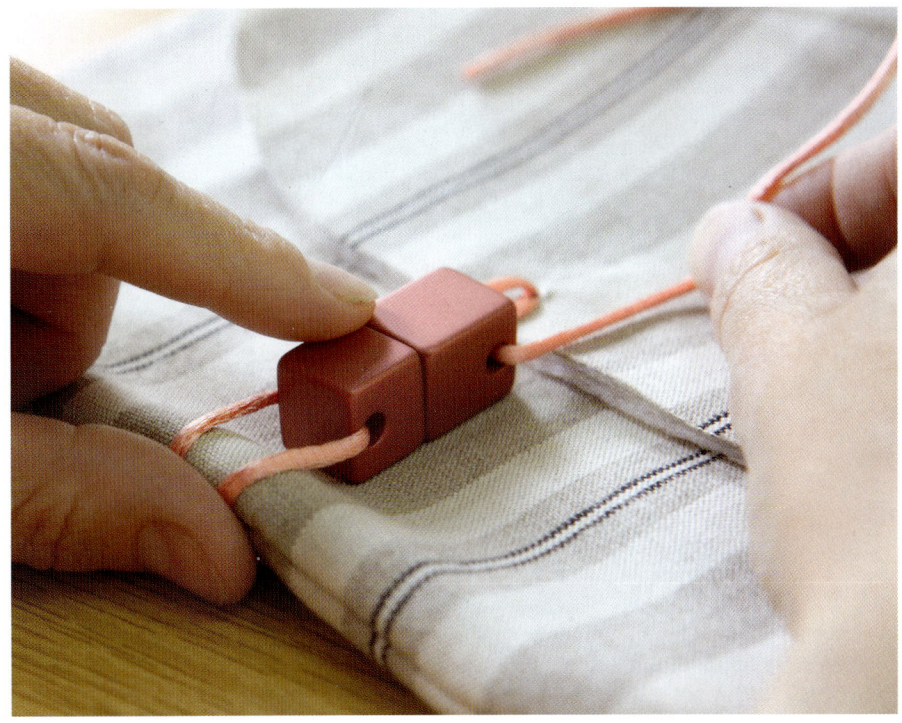

9 ▽ Nähen Sie die Klappe an die Tasche, wie auf Seite 16 „Taschenklappe annähen" beschrieben. Verteilen Sie die Schmetterlingsmotive auf der Klappe und stecken Sie sie fest. Nähen oder klebebügeln Sie die Motive auf die Klappe.

8 △ Entfernen Sie die festgesteckte Klappe. Nähen Sie beide Klappenteile rechts auf rechts und lassen Sie an der geraden Kante eine ca. 12 cm breite Wendeöffnung frei. Schneiden Sie die Nahtzugaben einseitig zurück und in den Kurven ein, schneiden Sie sie an den Ecken schräg ab. Wenden Sie die Tasche auf rechts und bügeln Sie sie. Schließen Sie die Wendeöffnung mit Blindstichen.

Tasche mit rundem Ausschnitt

Eine ultrastarke Einlage hält diese praktische Tasche in Form. Der Boden ist mit einem Plastikgitter versteift. Auf diese Weise wird der Boden flach und die Tasche bleibt aufrecht stehen. Die geformten Plastikgriffe werden erst ganz zum Schluss an die Tasche genäht.

Maße

Die Tasche ist 30 cm hoch und 30 cm breit.

Sie benötigen

❊ 0,40 cm rosa gepunkteter Dekostoff
(140 cm breit)

❊ 0,40 m hellblauer Uni-Baumwollstoff
(112 cm breit)

❊ 0,40 m ultrastarke aufbügelbare Einlage
(90 cm breit)

❊ 10 x 10 cm extrasteife aufbügelbare Einlage

❊ 29 x 6 cm Plastikstramin

❊ 1 Magnetverschluss, ø 18 cm

❊ 1 Paar bernsteinfarbene Plastiktaschengriffe,
15 cm breit

Arbeiten Sie mit 1 cm Nahtzugabe.

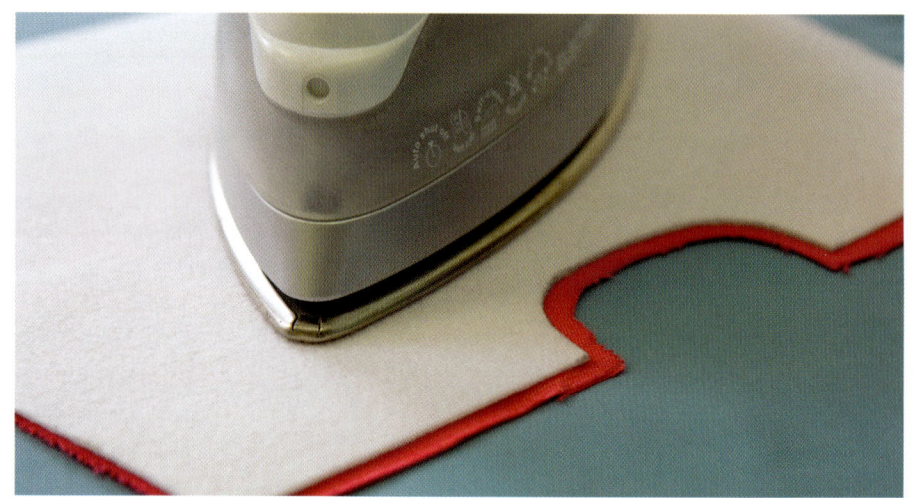

1 △ Verwenden Sie die Schablonen von Seite 135 und schneiden Sie zwei Teile aus dem rosa gepunkteten Dekostoff zu sowie zwei Teile aus ultrastarker aufbügelbarer Einlage, die Sie an den Oberkanten um 5 mm zurückschneiden. Für das Futter schneiden Sie zwei Teile aus dem hellblauen Unistoff zu und schneiden sie an den Seiten- und Unterkanten jeweils 3 mm zurück. Bügeln Sie die Einlage auf die linke Seite der rosa Taschenteile und lassen Sie an der Oberkante 5 mm frei.

2 ◁ Nähen Sie beide rosa Teile an den Unterkanten rechts auf rechts zusammen. Bügeln Sie die Nahtzugaben auseinander. Nähen Sie anschließend die Seitennähte zusammen und bügeln Sie die Nahtzugaben auseinander.

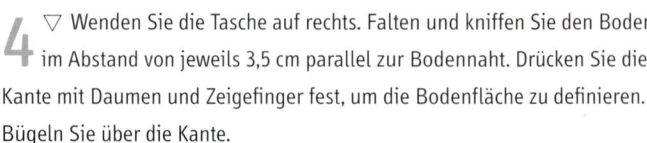

4 ▽ Wenden Sie die Tasche auf rechts. Falten und kniffen Sie den Boden im Abstand von jeweils 3,5 cm parallel zur Bodennaht. Drücken Sie die Kante mit Daumen und Zeigefinger fest, um die Bodenfläche zu definieren. Bügeln Sie über die Kante.

3 △ Nähen Sie an jeder Seite eine Bodenecke. Falten Sie dafür die beiden unteren Ecken nach außen, die Stoffe liegen rechts auf rechts und die Seitennaht liegt auf der Bodennaht. Nähen Sie quer über beide Ecken und schneiden Sie den Stoff bis auf 1 cm zur Naht zurück.

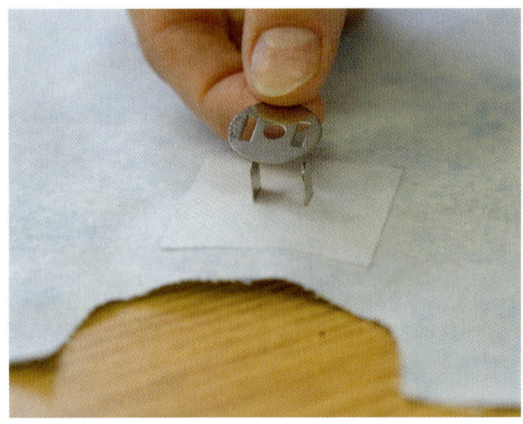

5 △ Schneiden Sie zwei Quadrate von 4 x 4 cm aus der extrasteifen aufbügelbaren Einlage zu und bügeln Sie jedes Quadrat auf das Markierungskreuz auf der linken Seite der Futterteile. Befestigen Sie die Magnetverschlussteile, wie auf Seite 14 „Magnetverschluss anbringen" beschrieben, auf dem Markierungspunkt auf dem Futterstoff. Nähen Sie das Innenfutter nach den Schritten 2 und 3 und lassen Sie an der Bodennaht eine ca. 25 cm lange Wendeöffnung frei.

6 △ Schieben Sie die Außentasche rechts auf rechts in die Futtertasche, sodass die Seitennähte aufeinanderliegen. Entfernen Sie den Nähtisch Ihrer Nähmaschine, um bequemer arbeiten zu können. Stecken und nähen Sie die Oberkanten aufeinander und lassen Sie die Strecke zwischen den Markierungspunkten zum Annähen der Griffe frei. Schneiden Sie die Nahtzugaben in den Kurven ein und die Ecken schräg ab. Wenden Sie die Tasche auf rechts.

7 ◁ Schieben Sie das Stickgitter als Boden-
verstärkung durch die Öffnung im Futter.
Legen Sie es exakt auf den Bodenbereich, die
Nahtzugaben liegen auf dem Gitter. Nähen Sie
das Plastikgitter mit einigen Handstichen an der
Bodennaht fest. Schließen Sie die Öffnung im
Futter mit Blindstichen. Bügeln Sie das Futter
entlang der Oberkante in die Tasche hinein und
steppen Sie die Oberkante mit 5 mm Abstand ab.

8 ▷ Schneiden Sie einen Streifen von
26 x 5 cm aus dem rosa gepunkteten Dekostoff zu. Bügeln Sie ihn der Länge nach links auf
links zur Hälfte. Falten Sie den Streifen wieder
auf und legen Sie beide Längskanten nach innen
zur Bruchkante. Falten Sie nun den Streifen er-
neut zusammen und schneiden Sie ihn in vier
gleich lange Teile.

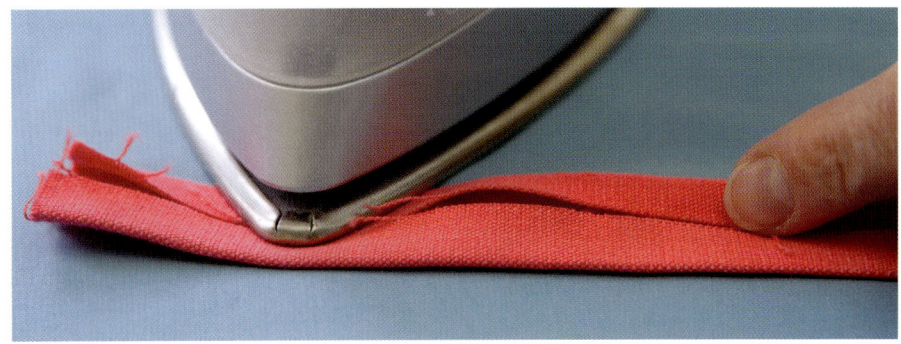

9 ◁ Schieben Sie die kurzen Streifen jeweils
durch den Schlitz der Griffe und heften Sie
die Enden zusammen. Schieben Sie die Enden
von zwei Streifen 1 cm tief in die Öffnungen an
der vorderen Oberkante der Tasche. Nähen Sie
die Enden mit festen Handstichen an die Oberkante von Außentasche und Innenfutter. Wiederholen Sie dies am rückwärtigen Taschenteil.

Rucksackbeutel

In diesem schlichten Rucksackbeutel transportieren Sie Ihre Dinge sicher und haben dabei die Hände frei.
Der Beutel wird mit einer Zugschnur verschlossen, die durch einen Tunnel entlang der Oberkante gezogen
wird. Kontrastfarbene Dreiecke verstärken die unteren Ecken, dort wird die Kordel durch zwei Ösen gefädelt.

Maße

Der Beutel ist 39,5 cm hoch und 35 cm breit.

Sie benötigen

* 0,20 m grün gemusterter Baumwollstoff
  (112 cm breit)
* 0,50 m rosa gemusterter Baumwollstoff
  (112 cm breit)
* 0,40 m weißer Uni-Baumwollstoff
  (112 cm breit)
* 0,20 m mittelfeste aufbügelbare Einlage
  (90 cm breit)
* 3,40 m geflochtene Kordel, ø 6 mm
* 2 goldfarbene Ösen, ø 11 mm, mit
  Befestigungswerkzeug
* Klebeband

Arbeiten Sie mit 1 cm Nahtzugabe.

1 △ Verwenden Sie die Schablonen von Seite 137 und schneiden Sie je vier Dreiecke aus grün gemustertem Stoff und aus der mittelfesten aufbügelbaren Einlage zu. Bügeln Sie die Einlage auf die linken Stoffseiten der Dreiecke. Bügeln Sie an den langen Kanten der Dreiecke je 1 cm Nahtzugabe nach links um.

2 ▷ Schneiden Sie aus dem rosa gemusterten Stoff zwei Rechtecke von 46 x 37 cm für die Tasche zu. Heften Sie an die Enden der kurzen unteren Kanten je eines der vorbereiteten Dreiecke. Legen Sie die lange Dreiecksseite an die Seitenkante, beide Stoffteile liegen mit der rechten Seite nach oben. Steppen Sie knappkantig an der umgebügelten Dreieckskante entlang.

3 ◁ Nähen Sie die langen Seitenkanten und die kurze untere Kante der Taschenteile rechts auf rechts zusammen und lassen Sie 7 cm unterhalb der Oberkante jeweils 2 cm der Seitennähte offen. Schneiden Sie die Nahtzugaben an der Ecke schräg ab und bügeln Sie sie auseinander. Bügeln Sie 1 cm der Oberkante nach links um und nähen Sie diese als Saumkante fest.

4 ▷ Schneiden Sie zwei Rechtecke von 38,5 x 37 cm aus dem weißen Baumwollstoff als Futter zu. Nähen Sie die langen Seitenkanten und die Unterkante rechts auf rechts zusammen. Beginnen und enden Sie 1,5 cm unterhalb der Oberkante. Schneiden Sie die Nahtzugaben an den Ecken schräg ab und bügeln Sie sie auseinander. Wenden Sie das Futter auf rechts.

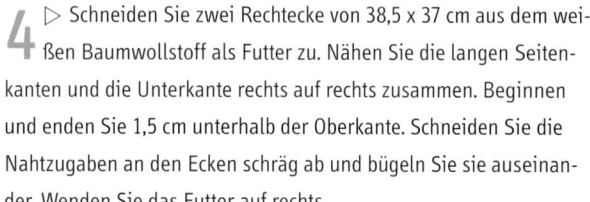

5 △ Schieben Sie den Beutel links auf links in das Futter, sodass die Seitennähte aufeinanderliegen. Stecken und heften Sie die Oberkante des Futters an den Beutel.

6 △ Wenden Sie den Beutel auf rechts. Bügeln Sie 4,5 cm der Oberkante nach innen um und stecken sie fest. Nähen Sie den Tunnel für die Zugschnur, indem Sie 1,5 cm und 3,5 cm unterhalb der Oberkante entlangsteppen.

7 ◁ Achten Sie darauf, dass das Futter gut in den Ecken des Beutels sitzt. Legen Sie den Beutel flach auf die Arbeitsfläche und pressen Sie je eine Öse durch alle Lagen mittig in die Dreiecke. Folgen Sie dabei den Anweisungen des Herstellers.

8 ▷ Winden Sie ein Stück Klebeband um die Mitte und um beide Enden der Kordel. Schneiden Sie die Kordel in zwei gleich lange Teile. Ziehen Sie eine Kordel mit Hilfe einer Wollnadel durch den Tunnel. Beginnen und enden Sie an der gleichen Seite. Fädeln Sie die Kordel durch die Öse auf der gleichen Seite des Beutels. Überlappen Sie die Enden der Kordel um 2,5 cm und nähen Sie die Enden mit kräftigen Handstichen fest aneinander. Wiederholen Sie dies mit der anderen Kordel auf der anderen Seite des Beutels.

9 ◁ Schneiden Sie je zwei Quadrate von 4 x 4 cm aus grün gemustertem Stoff und aus mittelfester aufbügelbarer Einlage zu. Bügeln Sie die Einlage auf die linken Seiten der Quadrate. Bügeln Sie an drei Kanten je 5 mm Nahtzugabe um. Beginnen Sie an der offenen Kante und wickeln Sie den Stoff um die überlappende Ansatzstelle der Kordel. Nähen Sie den Stoff mit kleinen Handstichen fest, um die Ansatzstellen zu verdecken.

Büchertasche

Oft tragen wir eine erstaunliche Menge an Papierkram und Büchern mit uns herum. Diese ideale Tasche hilft uns dabei. Es passt ein Standard-Ordner hinein, die Außentasche bietet Platz für Stifte und anderes. Diese Tasche ist schnell genäht, ihre Trageriemen sind aus gestreiftem Gurtband.

Maße

Die Tasche ist 35 cm hoch und 30 cm breit.

Sie benötigen

- 0,50 m gelb gestreifter Baumwollstoff (90 cm breit)
- 2,30 m blau-weiß gestreiftes Gurtband

TIPP

Nehmen Sie diese praktische Tasche mit in die Schule oder in die Universität. Zur besseren Verkehrssicherheit können Sie die Träger sogar aus fluoreszierendem Gurtband nähen.

1 ▷ Schneiden Sie zwei Rechtecke von 40 x 33 cm aus gelb gestreiften Stoff für die Tasche zu, die Streifen sollen parallel zu den kurzen Seiten verlaufen. Schneiden Sie ein Rechteck von 22 x 15 cm für die Außentasche zu, die Streifen verlaufen diesmal parallel zu den langen Kanten. Bügeln Sie 1 cm der Oberkante der Außentasche nach vorn. Stecken Sie darauf ein 15 cm langes Stück Gurtband fest, um die offene Kante zu verdecken.

2 ◁ Nähen Sie an beiden Kanten des Gurtbandes knappkantig entlang. Legen Sie das so vorbereitete Rechteck mittig auf eines der quer gestreiften Taschenteile, die Unterkanten liegen bündig aufeinander. Dies wird die Vorderseite der Tasche.

3 ▽ Teilen Sie das restliche Gurtband in zwei gleich lange Stücke. Beginnen Sie an der Unterkante der Vorderseite und stecken Sie das Band 7 cm innerhalb der Seitenkanten auf die Tasche. Verdecken Sie damit zugleich die Seitenkanten der Außentasche. Das Gurtband formt oben eine Schlaufe, die als Trageriemen dient.

4 ▷ Stecken Sie 11 cm unterhalb der Taschenoberkante eine Stecknadel quer zum Gurtband. Beginnen Sie an der Unterkante zu nähen. Steppen Sie knapp an der Außenkante des Bandes nach oben und auf Höhe der Stecknadel quer zur anderen Kante hinüber. Steppen Sie dort wieder knappkantig bis zur Unterkante hinab. Wiederholen Sie dies am anderen Ende des Trageriemens. Stecken und nähen Sie das andere Stück des Gurtbandes auf die Taschenrückseite. Halten Sie die gleichen Maße und Abstände ein.

5 ◁ Versäubern Sie die Seiten- und Unterkanten der Taschenteile mit Zickzackstich. Legen Sie Vorder- und Rückseite rechts auf rechts und nähen Sie mit 1,5 cm Nahtzugabe an den Seiten und der Unterkante entlang. Bügeln Sie die Nahtzugaben auseinander.

6 △ Für die Bodenecken falten Sie die unteren Ecken nach außen, sodass die Nähte aufeinanderliegen. Nähen Sie im rechten Winkel im Abstand von 2,5 cm zur Spitze quer darüber. Die Naht wird 5 cm lang. Schneiden Sie die Ecke bis auf 1 cm zur Naht zurück. Wiederholen Sie dies an der anderen Ecke. Versäubern Sie die Nahtzugaben mit Zickzackstich.

7 △ Bügeln Sie an der Oberkante zuerst 1 cm, dann noch einmal 3 cm nach links um. Steppen Sie an beiden gebügelten Kanten entlang. Fassen Sie aber nicht die Trageriemen mit. Wenden Sie die Tasche auf rechts.

Kleine Schultertasche mit Applikation

Diese auffallende Tasche bietet für allerlei Kleinigkeiten ausreichend Platz. Das orientalische Ornament ist aus Filz hergestellt und wird mit Klebevlies appliziert. Aufgenähte Pailletten bringen das Motiv zum Strahlen.

Maße

Die Tasche ist 18 cm hoch und 13 cm breit.

Sie benötigen

* 0,50 m rosa Leinen (112 cm breit)
* 0,20 m bunt gestreifter Baumwollstoff (112 cm breit)
* 0,20 m mittelfeste aufbügelbare Einlage (90 cm breit)
* Filzreste in Türkis, Limonengrün und mittlerem Rosa
* Verschiedene Pailletten in Silber, Grün und Rosa
* 1 m rosafarbene Litze, 5 mm breit
* 1 türkisfarbener Knopf, ø 18 mm
* 15 x 15 cm beidseitig aufbügelbares Klebevlies

1 ▽ Schneiden Sie je ein Rechteck von 47,5 x 15 cm aus rosa Leinen, mittelfester aufbügelbarer Einlage und gestreiftem Baumwollstoff zu. Bügeln Sie die Einlage auf die linke Seite des Leinenstoffes. Schneiden Sie jeweils ein Ende der beiden Rechtecke rund zu, wie auf der Vorlage von Seite 136 angegeben. Dies wird die Klappe der Tasche. Der gestreifte Stoff wird das Futter.

2 △ Übertragen Sie die Applikationsmotive auf die Papierseite von Klebevlies. Schneiden Sie die Formen großzügig aus. Bügeln Sie die Papiere mit der Klebeseite auf die Rückseiten des türkisfarbenen, limonengrünen und mittelrosa Filzes. Orientieren Sie sich bezüglich der Farbverteilung am Foto. Schneiden Sie die Motive exakt aus und entfernen Sie die Papierschicht von der Rückseite.

3 ▽ Orientieren Sie sich an der Vorlage, um das größte Filzmotiv auf der rechten Seite der Leinenklappe an der richtigen Stelle aufzubügeln. Kleben Sie auch die anderen Filzteile auf die Klappe. Befestigen Sie die schmückenden Pailletten um das Motiv von Hand mit Nähgarn.

4 △ Schneiden Sie 7 cm der Litze ab, um die Knopfschlaufe zu formen. Heften Sie die Enden an die mit einem Kreuz markierte Stelle auf der rechten Seite der Leinentasche. Heften Sie die restliche Litze als Schulterriemen auf die Markierungspunkte an den Seiten der Tasche, legen Sie die Enden der Litze schräg an, wie die gestrichelten Linien auf der Vorlage zeigen. Bündeln Sie die lange Litze und legen Sie sie während des Nähens aus dem Weg.

6 ▽ Wenden Sie die Tasche auf rechts und bügeln Sie sie. Schließen Sie die Wendeöffnung mit Blindstichen. Bügeln Sie die Klappe an der Faltkante über die Öffnung, das Futter liegt innen. Öffnen Sie die Klappe wieder und bügeln Sie die andere Hälfte der Tasche bis an die gerade Oberkante hin.

5 △ Arbeiten Sie mit 1 cm Nahtzugabe und stecken und nähen Sie die rosa Außenseite rechts auf rechts auf das gestreifte Futterteil. Lassen Sie eine 12 cm breite Wendeöffnung frei. Schneiden Sie die Nahtzugaben einseitig zurück, schneiden Sie sie in den Kurven ein und an den Ecken schräg ab (siehe Seite 13).

7 △ Heften Sie die Seiten aufeinander und steppen Sie die Seitennähte 5 mm innerhalb der Kante ab.

8 △ Nähen Sie die grünen Pailletten in Abständen von 2 cm rund um die Kante der Klappe. Schließen Sie die Klappe. Markieren Sie das Ende der Knopfschlaufe auf der Mitte der Tasche. Nähen Sie einen Knopf an dieser Stelle an.

Geraffte Börse

Diese kleine Börse ist einfach zu nähen und daher das ideale Anfängerprojekt. Halten Sie darin Geld und nützlichen Kleinkram griffbereit oder benutzen Sie es als kleine Unterarmtasche. Das Täschchen ist hier aus gemustertem Leinen genäht, doch würde es auch in edler Seide sehr gut zur Geltung kommen.

Maße

Die Börse ist 14 cm breit und 21 cm hoch.

Sie benötigen

* 0,20 m türkis gemustertes Leinen (90 cm breit)
* 0,20 m türkis gepunkteter Baumwollstoff (90 cm breit)
* 0,20 m türkisfarbener Uni-Baumwollstoff (90 cm breit)
* 0,20 m nitteldickes aufbügelbares Volumenvlies (90 cm breit)
* 0,10 m feste aufbügelbare Einlage (90 cm breit)
* 40 cm Korsettstäbchen, 1,2 cm breit
* 1 Knopf, ø 2,5 cm

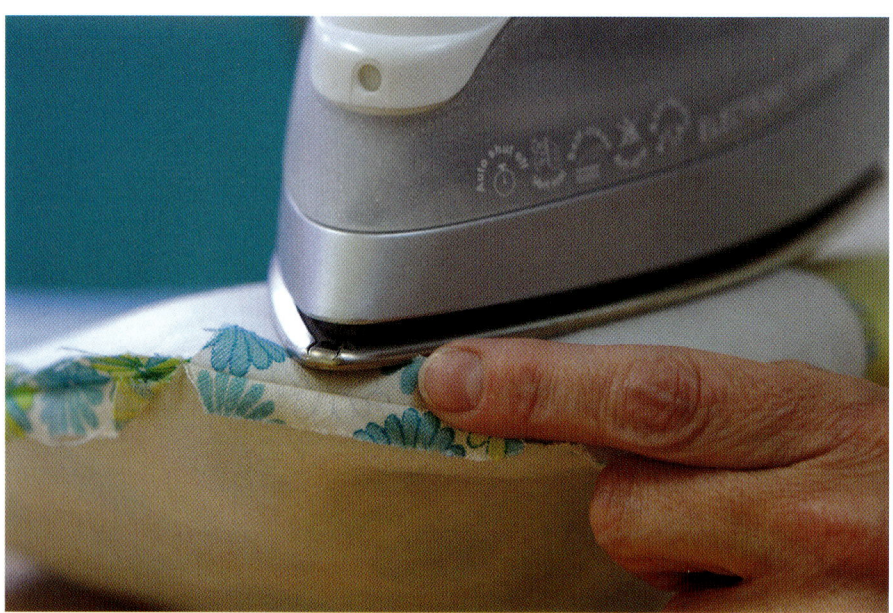

1 △ Schneiden Sie nach den Vorlagen von Seite 136 je zwei Taschenteile aus türkisfarben gemustertem Leinen, dem mitteldicken aufbügelbaren Volumenvlies und dem gepunkteten Baumwollstoff zu. Schneiden Sie das Vlies rundum 5 mm kleiner zu als die anderen Teile. Bügeln Sie das Vlies mittig auf die linke Stoffseite des Leinens. Nähen Sie die türkis gemusterten Leinenteile rechts auf rechts und mit 1 cm Nahtzugabe aufeinander und lassen Sie die Unterkante offen. Schneiden Sie die Nahtzugaben in den Kurven ein und an den Ecken schräg ab. Bügeln Sie die Nahtzugaben auseinander. Wiederholen Sie dies mit dem türkis gepunkteten Baumwollstoff für das Futter.

TIPP

Wenn Sie das aufbügelbare Volumenvlies rundum 5 mm kleiner zuschneiden als die Stoffe, werden die Nähte nicht so dick.

2 ▷ Wenden Sie die Leinentasche auf rechts. Schieben Sie die Futtertasche links auf links hinein, sodass die Seitennähte und die Oberkanten aufeinanderliegen. Stecken Sie die Oberkanten zusammen. Ziehen Sie 0,75 cm parallel zur Oberkante zwei Heftfäden ein.

3 ◁ Schneiden Sie für die Einfasskante je zwei Streifen von 20 x 4,5 cm aus dem türkisfarbenen Unistoff und aus fester aufbügelbarer Einlage zu. Bügeln Sie die Einlage auf die linke Seite der Strei-fen. Stecken und nähen Sie die beiden Streifen an je einer kurzen Kante aneinander. Bügeln Sie die Nahtzugabe auseinander. Falten Sie das lange Band der Länge nach links auf links zur Hälfte und bügeln Sie es. Öffnen Sie es und bügeln Sie an einer der Längskanten 1 cm nach links um.

4 △ Schneiden Sie 10,5 cm lange Schrägstreifen von 2,5 cm Breite für die Knopfschlaufe zu. Falten Sie den Streifen der Länge nach rechts auf rechts zur Hälfte und nähen Sie ihn mit 5 mm Nahtzugabe an der langen Kante zusammen.

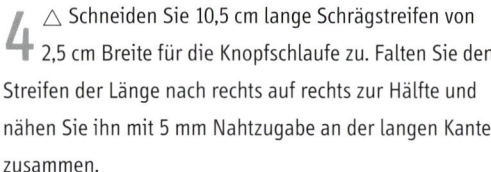

5 △ Wenden Sie den Schlauch mit Hilfe einer Wollnadel oder eines Schlauchwenders. Stecken Sie die offenen Enden der Schlaufe mit einer Stecknadel mittig auf eine der langen Kanten des türkisfarbenen Bandes. Legen Sie das Band rechts auf rechts und nähen Sie die Enden mit 1 cm Nahtzugabe zusammen, um es zu einem Ring zu schließen. Bügeln Sie die Nahtzugaben auseinander.

6 ◁ Stecken Sie das Einfassband rechts auf rechts an die Oberkante des Täschchens, die Seitennähte liegen dabei aufeinander und die Knopfschlaufe liegt mittig zwischen den Seitennähten. Halten Sie die Heftfäden fest und ziehen Sie den Stoff zusammen, bis die Weite passt. Stecken oder heften Sie die Oberkante fest. Nähen Sie das Einfassband und die Oberkante mit 1 cm Nahtzugabe rundum fest. Falten Sie das Einfassband nach oben.

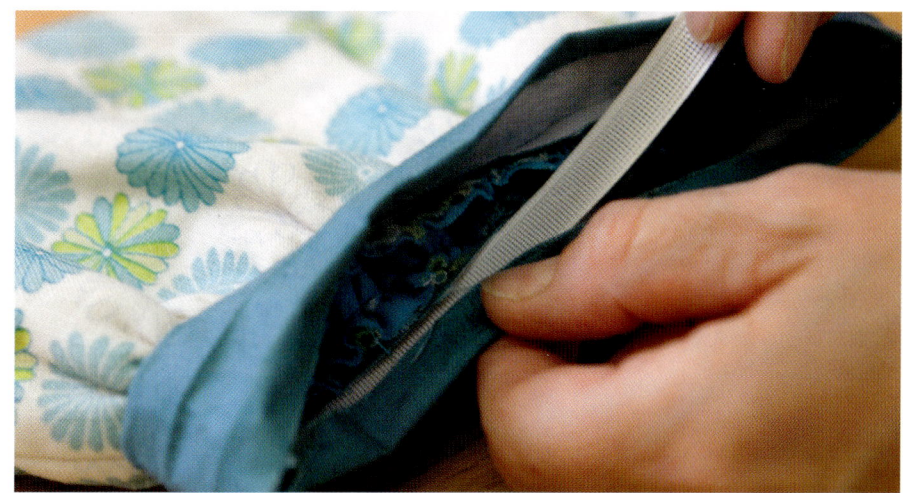

7 ▷ Schneiden Sie zwei Korsettstäbchen von 17,5 cm Länge zu. Schieben Sie jedes zwischen den Einfassstreifen und die Taschennaht. Schieben Sie die Enden unter die Seitennähte.

8 ◁ Falten Sie den Einfassstreifen über die Taschennaht und umschließen Sie damit die Korsettstäbchen. Stecken Sie den Streifen mit der gebügelten Kante über die innere Naht. Nähen Sie die Kante mit Blindstichen an der Taschennaht fest und setzen Sie einen Knopf an die Taschenvorderseite, direkt unter die Knopfschlaufe.

Tasche mit seitlichen Schleifen

Füllen Sie diese große, ungefütterte Tasche mit der Ausbeute Ihrer Shopping-Tour. Sie können die seitlichen Schleifen öffnen und noch mehr Raum in der Tasche schaffen.

Maße

Die Tasche ist 48 hoch und 43 cm breit.

Sie benötigen

❋ 0,30 m rosa gemusterter Baumwollstoff (112 cm breit)

❋ 0,60 m dunkelblauer gebürsteter Jeansstoff (150 cm breit)

❋ 0,40 m mittelfeste aufbügelbare Einlage (90 cm breit)

❋ 0,20 m feste flexible aufbügelbare Einlage (90 cm breit)

1 △ Schneiden Sie je vier Streifen von 26 x 12 cm aus dem rosa Stoff und der mittelfesten aufbügelbaren Einlage für die seitlichen Schleifen zu. Bügeln Sie die Einlage auf die linke Seite der Schleifen. Falten und stecken Sie die Streifen der Länge nach rechts auf rechts zur Hälfte. Nähen Sie alle offenen Kanten mit 1 cm Nahtzugabe zu und lassen Sie an der langen Kante eine 7 cm lange Wendeöffnung frei. Schneiden Sie die Nahtzugaben an den Ecken schräg ab, wenden Sie die Streifen und bügeln Sie sie. Schließen Sie die Wendeöffnungen mit Blindstichen.

2 ▷ Schneiden Sie aus Jeansstoff zwei Rechtecke von 50 x 47 cm zu. Stecken Sie je ein Ende der Schleifenbänder auf die rechte Stoffseite, 9 cm unterhalb der Oberkante und 13 cm innerhalb der Seitenkante. Die langen Enden der Streifen hängen über die Seitenkanten hinaus. Steppen Sie über die am Beutel festgesteckten Enden, zuerst kappkantig, dann noch einmal 5 mm weiter innen.

3 ▷ Schneiden Sie je zwei Streifen von 55 x 10 cm aus dem rosa Stoff und der mittelfesten aufbügelbaren Einlage für die Träger zu. Bügeln Sie die Einlage auf die linke Stoffseite der Streifen. Falten und stecken Sie die Träger der Länge nach rechts auf rechts zur Hälfte. Nähen Sie die langen Kanten mit 1 cm Nahtzugabe zusammen. Wenden Sie die Träger und bügeln Sie sie.

4 ◁ Stecken und heften Sie die Enden der Träger an die Oberkante auf die linke Seite der Rechtecke, und zwar 11,5 cm innerhalb der langen Seitenkanten.

5 ▷ Stecken Sie die Taschenteile rechts auf rechts und nähen Sie die Seitenkanten und die Unterkante mit 1,5 cm Nahtzugabe zusammen. Fassen Sie dabei jedoch nicht die Schleifenbänder mit in die Naht. Schneiden Sie in diesem Fall nicht die Nahtzugaben an den Ecken ab, da die Tasche nicht gefüttert wird. Abgeschnittene Ecken wären ein Schwachpunkt. Versäubern Sie die Nähte mit Zickzackstich.

6 ▷ Schneiden Sie je zwei Streifen von 46 x 6 cm aus rosa Stoff und fester flexibler aufbügelbarer Einlage für die Einfassung zu. Bügeln Sie die Einlage auf die linke Seite der Streifen. Nähen Sie die Enden mit 1 cm Nahtzugabe rechts auf rechts zu einem Ring zusammen. Bügeln Sie die Nahtzugaben auseinander und bügeln Sie an einer langen Kante 1 cm nach links um.

7 ◁ Legen Sie den Ring mit der rechten Seite auf die Innenseite der Tasche. Stecken Sie die offene Kante an der Oberkante fest, nähen Sie sie rundum mit 1 cm Nahtzugabe fest.

8 ▷ Wenden Sie die Tasche auf rechts. Bügeln Sie die Einfassung zur Außenseite hin und stecken Sie sie fest. Steppen Sie an beiden gebügelten Kanten der Einfassung knappkantig entlang. Binden Sie mit den seitlichen Schleifenbändern Schleifen, um die Seiten der Tasche zu raffen.

Umhängetasche

Diese flache Tasche hat einen verstellbaren Träger, sodass sie diagonal über dem Körper getragen werden kann oder mit verkürztem Träger zur Schultertasche wird. Für einen modischen Akzent ersetzen Sie den normalen Reißverschlusszipper durch eine hübsche Metallversion.

Maße

Die Tasche ist 24 cm hoch und 19 cm breit.

Sie benötigen

❖ 0,50 m gelber, gepunkteter Dekostoff (140 cm breit)

❖ 0,30 m rosa gestreifter Baumwollstoff (112 cm breit)

❖ 0,30 m feste aufbügelbare Einlage (90 cm breit)

❖ 1 rosa Reißverschluss, 18 cm lang

❖ 1,40 m Trägerband, 4 cm breit

❖ 2 silberne rechteckige Ringe, 3,8 cm breit

❖ 1 rechteckige, silberne Stegschnalle, 3,8 cm breit

❖ 1 silberner Zipper

❖ Drahtzange

1 △ Schneiden Sie für die Außenseite ein Rechteck von 21 x 7,5 cm für das obere Teil und ein 47,5 x 21 cm großes Rechteck für das untere Teil aus dem gelben, gepunkteten Dekostoff sowie die gleichen Teile aus fester aufbügelbarer Einlage zu. Bügeln Sie die Einlage auf die linken Seiten der Stoffteile. Stecken Sie das obere Taschenteil rechts auf rechts an eine der 21 cm breiten Kanten des unteren Taschenteils. Nähen Sie mit 2,5 cm Nahtzugabe an beiden Seiten 1,5 cm weit nach innen. Schließen Sie die Nahtstrecke dazwischen mit langen Heftstichen.

2 ▷ Bügeln Sie die Nahtzugaben auseinander, stecken und heften Sie den Reißverschluss mit der rechten Seite nach unten mittig auf die Naht, der Zipper ist dabei 3 cm von der Naht entfernt.

3 ▷ Setzen Sie den Reißverschlussfuß in die Nähmaschine ein und nähen Sie von der rechten Stoffseite her den auf der linken Seite festgesteckten Reißverschluss fest (siehe Seite 17). Nähen Sie im Abstand von 0,75 cm an beiden Seiten des Reißverschlusses entlang sowie quer über das obere und untere Ende. Entfernen Sie den Heftfaden.

5 ▽ Falten Sie die kurze untere Kante der Tasche rechts auf rechts bis zur Oberkante der Vorderseite nach oben. Stecken und nähen Sie die Seitenkanten mit 1 cm Nahtzugabe zusammen. Schneiden Sie die Nahtzugaben an den Ecken schräg ab. Bügeln Sie die Nahtzugaben auseinander.

4 △ Schneiden Sie zwei Quadrate von 9,5 x 9,5 cm für die Ringhalter aus dem gelben, gepunkteten Stoff zu. Bügeln Sie an zwei gegenüberliegenden Seiten je 6 mm Naht nach links um und falten Sie den Stoff der Länge nach links auf links zur Hälfte. Nähen Sie die beiden gebügelten Kanten knappkantig zusammen. Schieben Sie einen rechteckigen Silberring auf jeden Ringhalter. Stecken Sie die Enden der Ringhalter aufeinander und an die vordere Oberkante der Tasche, jeweils 2 cm von den Seitenkanten entfernt. Öffnen Sie den Reißverschluss.

6 ▽ Schneiden Sie ein 20,5 x 6,5 cm großes Rechteck für die obere
Vorderseite und ein 46,5 x 20,5 cm großes Rechteck für den unteren Teil
aus dem rosa Futterstoff zu. Stecken Sie die vordere obere und die untere
kurze Kante rechts auf rechts aufeinander. Nähen Sie von jeder Seitenkante
2,2 cm weit nach innen und lassen Sie den Rest der Naht offen. Bügeln Sie
die Nahtzugaben auseinander. Nähen Sie das Futter fertig, wie in Schritt 5
beschrieben.

7 △ Wenden Sie das Futter auf rechts. Schieben Sie Taschenaußenseite
links auf links in das Futter. Stecken Sie die Öffnung des Futters rund
um den Reißverschluss und befestigen Sie es mit Blindstichen. Wenden Sie
die Tasche auf rechts.

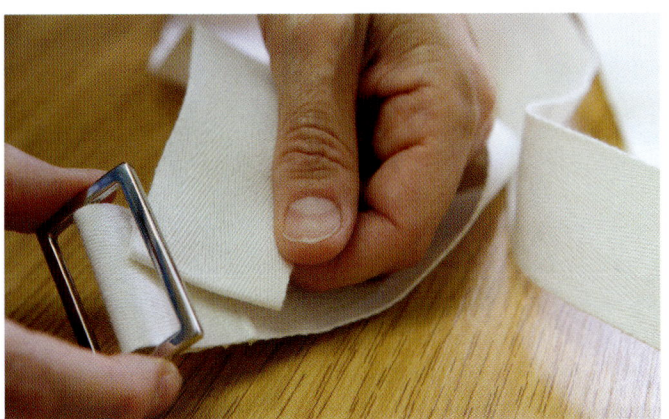

8 △ Bügeln Sie die Enden des Trägerbandes jeweils 1 cm weit nach
links um. Schieben Sie ein Ende durch die silberne Stegschnalle.
Stecken Sie nach 4 cm das umgebügelte Ende fest und nähen Sie zuerst
knappkantig, dann in 5 mm Abstand quer über das Ende. Die Tasche liegt
mit der rechten Seite nach oben und das andere Bandende mit der linken
Seite nach oben. Schieben Sie es durch einen rechteckigen Ring und dann
durch die Schnalle.

9 △ Schieben Sie das andere Ende des Bandes durch den anderen rechteckigen Ring. Stecken Sie nach 4 cm das gebügelte Ende am Band fest,
nähen Sie zuerst kappkantig, dann noch einmal in 5 mm Abstand quer über
das Ende. Wenn Sie einen neuen Zipper anbringen möchten, zwicken Sie
den alten mit einer Drahtzange ab. Setzen Sie einen neuen Zipper ein und
folgen Sie dazu den Anweisungen des Herstellers.

Schultertasche mit Reißverschluss

Hier finden Sie eine praktische kleine Schultertasche, die Sie aus Stoffresten nähen können. Die Tasche hat eine kleine, mit Bändchen eingefasste Außentasche. Der Träger aus Ripsband wird mit Metallnieten angebracht, und das ist gar nicht schwierig.

Maße

Die Tasche ist 18 cm hoch und 26 cm breit.

Sie benötigen

❋ 0,20 m bunt gemusterter Baumwollstoff (112 cm breit)

❋ 0,30 m rosa Bauernkaro (90 cm breit)

❋ 0,30 m mittelblauer Uni-Baumwollstoff (90 cm breit)

❋ 0,20 m mitteldickes aufbügelbares Volumenvlies

❋ 30 cm blau gestreiftes Ripsband, 4 cm breit

❋ 90 cm starkes rosa Ripsband, 2,5 cm breit

❋ 1 mittelblauer Reißverschluss, 20 cm lang

❋ 4 silberne Nieten

❋ 1 silberner Schmuckzipper (falls gewünscht)

❋ Drahtzange (falls benötigt)

1 △ Schneiden Sie je ein Rechteck von 28 x 12 cm aus dem bunt gemusterten Baumwollstoff und dem rosa Bauernkaro zu. Stecken Sie die beiden Taschenteile rechts auf rechts. Nähen Sie die lange Oberkante mit 1 cm Nahtzugabe aufeinander. Wenden Sie die rechte Seite nach außen und bügeln Sie. Stecken Sie die offenen Kanten aufeinander. Stecken Sie auf der gemusterten Seite der Tasche, welche die rechte Seite werden soll, ein 1,5 cm breites blaues Ripsband auf die gebügelte Kante. Nähen Sie knapp an beiden Kanten des Bandes entlang.

2 ▷ Schneiden Sie zwei Rechtecke von 28 x 20,5 cm aus dem mittelblauen Unistoff für die Taschen sowie zwei Rechtecke von 28 x 19 cm
aus dem mitteldicken aufbügelbaren Volumenvlies zu. Bügeln Sie das Vlies
1,5 cm unterhalb der Oberkanten auf die linke Seite des blauen Stoffes.
Heften Sie die Außentasche links auf rechts an der langen unteren Kante
auf die blaue Tasche, sodass die Nähte aufeinanderliegen. Stecken und
nähen Sie mehrmals mittig auf dem Streifen auf und ab, um die Außentasche zu unterteilen.

3 ▽ Stecken Sie die blauen Taschenteile rechts auf rechts an den langen
Oberkanten aufeinander. Nähen Sie mit 1,5 cm Nahtzugabe an beiden
Seiten 4 cm weit nach innen und schließen Sie die Nahtstrecke dazwischen
mit langen Heftstichen.

4 △ Bügeln Sie die Nahtzugaben auseinander. Stecken Sie den Reißverschluss von der
linken Seite her mit der rechten Seite nach
unten mittig über die Naht und heften Sie den
Reißverschluss fest.

5 ◁ Arbeiten Sie mit dem Reißverschlussfuß
und nähen Sie den Reißverschluss von der
rechten Stoffseite her ein (siehe Seite 17). Halten
Sie 0,75 cm Abstand und nähen Sie am oberen
und unteren Ende quer über den Reißverschluss.
Entfernen Sie jetzt die Heftfäden. Öffnen Sie den
Reißverschluss.

6 △ Falten Sie die Tasche entlang der Unterkante rechts auf rechts. Stecken und nähen Sie die Seitennähte und die Unterkante mit 1 cm Nahtzugabe zusammen. Schneiden Sie die Nahtzugaben an den Ecken schräg ab und bügeln Sie sie auseinander. Wenden Sie die Tasche auf rechts.

7 ▷ Bügeln Sie jedes Ende des rosa Ripsbandes für den Träger 3 cm weit um und heften Sie es fest. Folgen Sie den Anweisungen des Herstellers und fixieren Sie jedes Trägerende 5 cm unterhalb der Taschenoberkante mit zwei Nieten. Wenden Sie die Tasche auf links.

8 △ Schneiden Sie zwei Rechtecke von 27 x 20 cm aus rosa Bauernkaro für das Futter zu. Nähen Sie die offenen Kanten rechts auf rechts mit 1 cm Nahtzugabe zusammen und lassen Sie eine 20 cm lange Wendeöffnung in der langen oberen Kante frei. Schneiden Sie die Nahtzugaben an den Ecken schräg ab. Bügeln Sie die Nahtzugaben der Nähte und der Wendeöffnung auseinander. Wenden Sie das Futter auf rechts.

9 △ Schieben Sie die Außentasche links auf links in die Futtertasche. Stecken Sie die Öffnung des Futters um den Reißverschluss herum und befestigen Sie die Kanten mit Blindstichen. Wenden Sie die Tasche wieder auf rechts. Wenn Sie einen Schmuckzipper wünschen, kneifen Sie den alten Zipper mit einer Drahtzange ab. Befestigen Sie den neuen nach den Anweisungen des Herstellers.

Runder Zugbeutel

Stellen Sie dieses hübsche Zubehör in Ihr Schlafzimmer für Taschentücher oder Wattepads bereit. Hier sind vier Taschen um die Außenkante genäht. Die obere Öffnung wird mit einer Zugschnur verschlossen.

Maße

Der Beutel ist 26,5 cm hoch und 14,5 cm breit.

Sie benötigen

- 0,20 m blau gemusterter Baumwollstoff (112 cm breit)
- 0,40 m weißer, blau gepunkteter Baumwollstoff (112 cm breit)
- 0,20 m extrasteife aufbügelbare Einlage
- 1 m dicke weiße Kordel, ø 4 mm
- 2 gelbe und 2 graue Lochscheiben
- 2 blaue runde Perlen mit 5 mm großen Löchern
- Klebeband

1 ◁ Schneiden Sie zwei Rechtecke von 26 x 13 cm aus dem blau gemusterten Baumwollstoff für die Außentaschen zu. Bügeln Sie an jeweils einer der langen Kanten zuerst 1 cm, dann noch einmal 2 cm nach links um und nähen Sie knapp entlang beider gebügelten Kanten. Dies ist der Saum der Oberkante.

2 △ Schneiden Sie zwei Rechtecke von 33 x 26 cm aus dem gepunkteten Stoff für den Beutel zu. Stecken Sie die beiden Außentaschen links auf rechts an jeweils eine der kurzen Kanten des Beutels, die offenen Kanten liegen aufeinander. Markieren Sie die Mitte jeder Seite und nähen Sie mehrmals auf und ab, um die Außentaschen zu teilen und die Naht zu sichern.

3 ◁ Nähen Sie die beiden Taschenhälften rechts auf rechts mit einer 1,5 cm breiten Naht an den Längskanten zusammen und lassen Sie unterhalb der Oberkante jeweils 7,5 cm der Naht offen. Bügeln Sie die Nahtzugaben auseinander. Versäubern Sie die Nahtzugaben mit Zickzackstich.

4 ▷ Schneiden Sie zwei Kreise von 16,5 cm Durchmesser aus dem blau gemusterten Stoff für die Bodenfläche zu. Schneiden Sie einen Kreis von 14 cm Durchmesser aus der extrasteifen aufbügelbaren Einlage zu. Bügeln Sie die Einlage mittig auf die linke Seite eines der blauen Stoffkreise. Stecken und heften Sie die beiden Kreise links auf links aufeinander.

5 ◁ Unterteilen Sie den Kreis in Viertel und markieren Sie jedes davon mit einer Stecknadel. Stecken Sie nun die Unterkante des Beutels rechts auf rechts an die Bodenfläche, dabei treffen die vier Stecknadeln auf die vier Nähte von Beutel und Außentaschen. Schneiden Sie die Nahtzugaben rundum etwas ein, damit sie sich glatt um die Kurve legen. Heften und nähen Sie die Bodenfläche mit einer 1 cm breiten Naht ein. Versäubern Sie die Nahtzugaben mit Zickzackstichen.

6 ◁ Bügeln Sie die Oberkante des Beutels 1 cm weit nach links um und nähen Sie sie fest. Bügeln Sie die Oberkante 4,5 cm weit noch einmal nach links und wenden Sie den Beutel auf rechts.

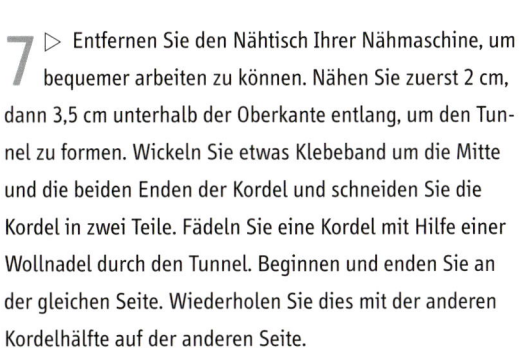

7 ▷ Entfernen Sie den Nähtisch Ihrer Nähmaschine, um bequemer arbeiten zu können. Nähen Sie zuerst 2 cm, dann 3,5 cm unterhalb der Oberkante entlang, um den Tunnel zu formen. Wickeln Sie etwas Klebeband um die Mitte und die beiden Enden der Kordel und schneiden Sie die Kordel in zwei Teile. Fädeln Sie eine Kordel mit Hilfe einer Wollnadel durch den Tunnel. Beginnen und enden Sie an der gleichen Seite. Wiederholen Sie dies mit der anderen Kordelhälfte auf der anderen Seite.

9 ▽ Binden Sie in die aufgefusselten Enden der Kordeln unterhalb der Perlen einen festen Knoten. Schneiden Sie die Fadenenden glatt ab, sodass Sie eine Quaste erhalten.

8 △ Fädeln Sie jedes Kordelende durch eine gelbe Scheibe, eine graue Scheibe und eine blaue runde Perle. Schieben Sie die Perlen an den Kordeln nach oben, sodass mindestens 4,5 cm der Kordelenden frei bleiben. Nehmen Sie das Klebeband ab und drehen Sie die Kordelfasern bis unterhalb der Perlen auf und fusseln Sie die Einzelfäden auf. Befeuchten Sie die Fäden, um die Druckstellen zu entfernen.

Schultertasche mit Zugschnur

Diese Tasche wird mit einer Zugschnur verschlossen. Dafür werden farbige Kordeln durch Ösen gefädelt und mit einem Kordelstopper aus Metall befestigt. So kann die Tasche ganz einfach geöffnet und wieder geschlossen werden. Kleine Kordelenden aus Metall halten die verknoteten Enden der Kordeln zusammen.

Maße

Die Tasche misst 26 x 26 cm (ohne Träger).

Sie benötigen

* 0,80 m gelb gemusterter Baumwollstoff (112 cm breit)
* 0,50 m rosa Uni-Baumwollstoff (112 cm breit)
* 0,50 m mitteldickes aufbügelbares Volumenvlies (90 cm breit)
* 60 cm rosafarbene Kordel, ø 5 mm
* 2 silberne D-Ringe, 3 cm breit
* 8 Ösen aus Nickel, ø 8 mm, dazu Werkzeug und Hammer
* 1 silberner Kordelstopper
* 2 silberne Kordelenden
* Klebeband

Arbeiten Sie mit 1 cm Nahtzugabe.

1 ◁ Verwenden Sie die Vorlagen von den Seiten 132 und 137 und schneiden Sie jeweils ein Vorderteil und ein Rückenteil sowie je einen Streifen von 72 x 6,5 cm für den Zwickel aus dem gelben Stoff, dem Volumenvlies und dem rosa Unistoff zu. Der rosa Stoff wird das Futter. Bügeln Sie das Vlies auf die linken Seiten der gelben Stoffe. Umwickeln Sie die Enden und die Mitte der Kordel mit Klebeband und schneiden Sie sie in zwei Hälften. Heften Sie jede Kordel auf den Markierungspunkt der Taschenvorderseite.

2 △ Stecken Sie den Zwickel rechts auf rechts zwischen die Teile der Vorder- und Rückseite und lassen Sie die Oberkante frei. Schneiden Sie die Nahtzugaben des Zwickels ein, damit sich die Naht glatt um die Kurve legt. Nähen Sie die Naht, ohne die festgesteckten Kordeln zu fassen. Schneiden Sie die Nahtzugaben in den Kurven ein und bügeln Sie sie auseinander. Wenden Sie die Tasche auf rechts.

3 ▽ Schneiden Sie für den Trageriemen einen Streifen von 72 x 11 cm und zwei Rechtecke von 8 x 6 cm für die D-Ringe aus dem gelben Stoff zu. Schneiden Sie aus dem Vlies einen 70 x 4,5 cm breiten Streifen sowie zwei Rechtecke von 3 x 4 cm zu. Bügeln Sie das Vlies mittig auf die linken Stoffseiten, sodass an allen Seiten gleich viel gelber Stoff übersteht.

4 △ Falten Sie den Streifen und die Ringhalter der Länge nach rechts auf rechts zur Hälfte. Nähen Sie an den langen Kanten entlang. Bügeln Sie die Nahtzugaben auseinander. Wenden Sie die Teile und bügeln Sie sie.

5 ▽ Schieben Sie je einen Ringhalter in einen D-Ring und stecken Sie die Enden aufeinander fest. Stecken und heften Sie jeden Ringhalter rechts auf rechts mittig auf die Enden des eingesetzten Zwickels.

6 ▽ Stecken Sie den Zwickel des Futters rechts auf rechts zwischen Vorder- und Rückenteil des Futters. Lassen Sie die Oberkante frei. Schneiden Sie die Nahtzugaben des Zwickels ein, damit sich die Naht glatt um die Kurve legt. Nähen Sie den Zwickel ein und lassen
Sie in der rückwärtigen Bodennaht eine 15 cm lange Wendeöffnung frei. Schneiden Sie die
Nahtzugaben in den Kurven ein und bügeln Sie sie auseinander.

7 △ Schieben Sie die Taschenaußenseite rechts auf
rechts in die Futtertasche, sodass die Nähte aufeinanderliegen. Nähen Sie die Oberkanten zusammen. Schneiden
Sie die Nahtzugaben einseitig zurück (siehe Seite 13). Wenden Sie die Tasche auf rechts und schließen Sie die Wendeöffnung mit Blindstichen. Schieben Sie das Futter in die
Tasche und bügeln Sie die Oberkante. Steppen Sie die Oberkante im Abstand von 5 mm ab.

8 △ Befestigen Sie eine 8 mm große Öse auf jedem Markierungskreuz
der Taschenoberseite, wie vom Hersteller beschrieben. Bügeln Sie die
Enden des Trägerstreifens je 1 cm nach links um. Markieren Sie jede Kante
des Streifens 6 cm von dem gebügelten Ende entfernt mit einer Stecknadel.
Schieben Sie das Ende durch einen D-Ring. Stecken Sie das umgebügelte
Ende an der Markierung fest. Nähen Sie knapp neben der umgebügelten
Kante und dann noch einmal 5 mm innerhalb davon.

9 △ Schieben Sie je eine Zugkordel durch die Ösen bis zur Mitte der
Tasche. Schieben Sie einen Kordelstopper über beide Kordeln. Stecken
Sie jedes Ende durch ein metallenes Kordelende. Verknoten Sie die Enden
der Kordeln sehr fest und schieben Sie die Metallenden über die Knoten,
um sie zu verdecken.

Mini-Zugbeutel

Verwenden Sie diesen reizenden Beutel für Geschenke oder für Ihren Schmuck und andere kleine
Schätze. Die Oberkante ist mit einer verspielten Bommelbordüre eingefasst, die farblich zum Stoff
passt. Weitere Bommeln hängen an den Enden der Kordel.

Maße
Der Beutel ist 18 cm hoch und 14 cm breit.

Sie benötigen
❈ 0,30 m limonengrün-gelb gemusterter
   Baumwollstoff (112 cm breit)
❈ 40 cm gelbe Bommelborte
❈ 90 cm dünne limonengrüne Kordel

Arbeiten Sie mit 1 cm Nahtzugabe.

1 ▷ Verwenden Sie die Vorlagen von Seite 138 und schneiden Sie zwei Beutelteile und zwei Belegteile aus dem limonengrün-gelb gemusterten Stoff zu. Versäubern Sie die geraden Seiten und die Unterkante des Beutels mit Zickzackstichen. Stecken und heften Sie die Bommelborte jeweils auf die rechte Seite der gerundeten Oberkanten. Lassen Sie 2 cm bis zur Seitenkante frei.

2 ◁ Nähen Sie die Beutelteile rechts auf rechts. Lassen Sie die geschwungene Oberkante und die Wendeöffnung zwischen den Markierungspunkten offen. Bügeln Sie die Seitennähte auseinander. Wenden Sie den Beutel auf rechts.

3 ▷ Nähen Sie die Besatzteile rechts auf rechts an ihren kurzen Kanten zusammen. Bügeln Sie die Nahtzugaben auseinander. Entfernen Sie den Nähtisch Ihrer Nähmaschine, um bequemer arbeiten zu können. Falten Sie die untere gerade Kante des Besatzes 1 cm nach links um und nähen Sie einen Saum.

4 ◁ Stecken Sie die Besatzteile rechts auf rechts an die Oberkante des Beutels, dabei liegen die Nähte aufeinander. Nähen Sie an der Oberkante entlang, verwenden Sie dabei einen Reißverschlussfuß. Schneiden Sie die Nahtzugaben einseitig zurück und in den Kurven ein.

5 ▽ Bügeln Sie den Besatz zur Innenseite des Beutels. Nähen Sie den Tunnelzug entlang der gestrichelten Linie, wie auf der Vorlage eingezeichnet.

6 ▽ Halbieren Sie die grüne Kordel und ziehen Sie sie mit Hilfe einer Wollnadel durch den Tunnel. Beginnen und enden Sie an der gleichen Seite. Wiederholen Sie dies mit der anderen Kordel auf der anderen Seite. Nähen Sie die Kordelenden zusammen.

7 △ Schneiden Sie sechs Bommeln der Borte ab. Nähen Sie zwei Bommeln an jedes Ende der Kordel und verbergen Sie dabei die losen Kordelenden. Nähen Sie anschließend jeweils einen dritten Bommel unter die beiden ersten an.

Dreieckstasche

Diese flotte Schultertasche ist aus zwei Dreiecken konstruiert und passt zu flippigen Anlässen. Sie ist ganz einfach zu nähen und wird mit einem überdimensionalen Knopf auf dem Schulterriemen verziert. Sie können sie auch aus zwei großen Halstüchern nähen.

Maße

Die Tasche ist 77 cm hoch und 27 cm breit.

Sie benötigen

✳ 0,80 m blau gemusterter Baumwollstoff
   (112 cm breit)

✳ 0,80 m weiß gemusterter Baumwollstoff
   (112 cm breit)

✳ 0,60 m hellblauer Uni-Baumwollstoff
   (112 cm breit)

✳ 1 Knopf, ø 5 cm

Arbeiten Sie mit 1 cm Nahtzugabe.

1 △ Verwenden Sie die Vorlagen von Seite 138 und schneiden Sie je ein Dreieck aus dem blau und weiß gemusterten Stoff zu. Schneiden Sie zwei ebensolche Dreiecke aus dem hellblauen Unistoff zu. Der Unistoff wird das Futter. Nähen Sie jeweils ein gemustertes Dreieck rechts auf rechts auf ein unifarbenes und lassen Sie die Unterkante offen. Schneiden Sie die Nahtzugaben einseitig zurück und an den Ecken schräg ab.

2 ▷ Wenden Sie die Dreiecke auf rechts. Stecken Sie die offenen unteren Kanten zusammen, die des blau gemusterten Dreiecks heften Sie. Falten Sie die Dreiecke jeweils mittig der Länge nach rechts auf rechts, sodass der Futterstoff jeweils außen liegt. Legen Sie die gefalteten Dreiecke nebeneinander, die gefalteten Kanten liegen jeweils außen, die offenen Kanten unten. Schieben Sie das gefaltete, blau gemusterte Dreieck in das gefaltete, weiß gemusterte, sodass die Unterkanten beider Dreiecke bündig aufeinanderliegen.

3 ▷ Stecken und nähen Sie alle acht Stoff-
schichten der Unterkanten zusammen.
Versäubern Sie die Nahtzugaben mit Zickzackstichen. Wenden Sie den Beutel auf rechts.

4 ▽ Legen Sie die Tasche flach auf den Tisch.
Stecken Sie die vorderen Dreieckshälften im
überlappenden Bereich aufeinander. Nähen Sie
die obenliegende, überlappende Kante mit einigen unsichtbaren Stichen fest. Wiederholen Sie
dies an der Rückseite der Tasche.

5 △ Überlappen Sie die Spitzen der Dreiecke
um 19 cm. Legen Sie den blau gemusterten
Stoff über den weiß gemusterten. Legen Sie
10 cm unterhalb der Spitzen die Stoffe in einige
nach außen weisende Falten. Nähen Sie sie fest.
Nähen Sie 5 mm neben der ersten Naht noch
einmal darüber.

6 ◁ Beenden Sie die Arbeit und nähen Sie
einen großen Knopf von 5 cm Durchmesser
über die Falten.

Einkaufsbeutel mit applizierten Ecken

Diese Tasche ist vielseitig verwendbar und ganz einfach zu nähen. Nesselstoff ist strapazierfähig und lässt sich gut verarbeiten. Die runden applizierten Ecken werden mit Klebevlies aufgebügelt und die Kanten mit Zickzackstich und Ziergarn abgenäht.

Maße

Die Tasche ist 44 cm hoch und 43 cm breit.

Sie benötigen

❄ 0,40 m rosa gemusterter Baumwollstoff (112 cm breit)

❄ 0,50 m naturfarbener Baumwollnessel (150 cm breit)

❄ 0,20 m mitteldickes aufbügelbares Volumenvlies (90 cm breit)

❄ 0,20 m feste flexible aufbügelbare Einlage (90 cm breit)

❄ 30 x 30 cm beidseitig aufbügelbares Klebevlies

❄ Rosa Maschinenstickgarn

❄ Zirkel

1 ◁ Zeichnen Sie mit Hilfe eines Zirkels einen Kreis von 10 cm Durchmesser auf die Papierseite des Klebevlieses. Schneiden Sie den Kreis großzügig aus und lassen Sie rundum etwas Spielraum. Bügeln Sie das Klebevlies auf die linke Seite des rosa gemusterten Stoffes. Schneiden Sie den Kreis exakt aus und teilen Sie ihn einmal quer durch die Mitte, um zwei Halbkreise zu erhalten.

2 △ Schneiden Sie ein Rechteck von 94 x 46 cm aus dem Nesselstoff zu. Markieren Sie an beiden langen Seiten die Mitte mit einer Stecknadel. Legen Sie die beiden gemusterten Halbkreise mittig auf die markierten Stellen bündig an die Seitenkanten. Ziehen Sie das Trägerpapier ab und bügeln Sie jeden Halbkreis auf das Taschenteil. Fädeln Sie rosa Garn in Ihre Nähmaschine und stellen Sie einen breiten Zickzackstich ein. Nähen Sie enge Zickzackstiche über die geschwungenen Kanten.

3 ▷ Stecken Sie auf die rechte Stoffseite der kurzen Kanten jeweils 8 und 12 cm von den Seitennähten entfernt eine Stecknadel. Legen Sie jedes Stecknadelpaar übereinander und formen Sie dadurch eine je 2 cm tiefe, nach außen weisende Falte. Heften Sie die offene Kante und ca. 6 cm weit an der Faltenkante entlang.

4 ◁ Schneiden Sie für die Henkel je zwei Streifen von 55 x 10 cm aus dem rosa gemusterten Stoff und dem mitteldicken aufbügelbaren Vlies zu. Bügeln Sie das Vlies auf die linke Stoffseite der Henkel, falten und stecken Sie sie der Länge nach rechts auf rechts zur Hälfte. Nähen Sie die langen Kanten mit 1 cm Nahtzugabe zusammen. Wenden Sie die Streifen und bügeln Sie sie.

5 △ Stecken und heften Sie die Enden der Henkel auf der linken Stoffseite an die kurzen Kanten des Taschen-Rechtecks innerhalb der Falten.

6 △ Falten Sie den Beutel rechts auf rechts zusammen, die Seitenkanten der Halbkreise treffen dabei aufeinander. Schließen Sie die Seitennähte mit 1,5 cm Nahtzugabe. Versäubern Sie die Nähte mit Zickzackstich.

7 ▷ Schneiden Sie je zwei Streifen von 38 x 6 cm aus dem rosa gemusterten Stoff und der festen flexiblen aufbügelbaren Einlage für die Einfassung zu. Bügeln Sie die Einlage auf die linke Seite der Streifen. Nähen Sie die Streifen an den Enden mit 1 cm Nahtzugabe rechts auf rechts zu einem Ring aneinander. Bügeln Sie die Nahtzugaben auseinander. Bügeln Sie eine lange Kante 1 cm nach links um.

8 ◁ Stecken Sie die offene Kante der Einfassung rechts auf die linke Seite der Taschenoberkante, die Nähte liegen aufeinander. Nähen Sie die Einfassung rundum mit 1 cm Nahtzugabe fest. Entfernen Sie noch nicht die Heftfäden an den Falten.

9 ▷ Wenden Sie die Tasche auf rechts. Bügeln Sie die Einfassung zur Außenseite und stecken Sie die gebügelte Kante fest. Steppen Sie die untere gebügelte Kante der Einfassung rundum knappkantig ab. Entfernen Sie jetzt die Heftfäden an den Falten.

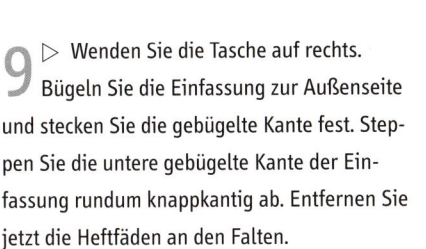

Botentasche

Eine klassische Botentasche ist für den Papierkram bei einem Meeting genau das Richtige. Ein Schulterriemen hält Ihnen die Hände frei, die großzügige Klappe wird mit einem eleganten Karabiner sicher verschlossen.

Maße

Die Tasche ist 31 cm hoch und 24 cm breit.

Sie benötigen

❈ 0,50 m weicher grüner Dekostoff
(140 cm breit)

❈ 0,60 m grün gemusterter Baumwollstoff
(112 cm breit)

❈ 0,60 m feste flexible aufbügelbare Einlage
(90 cm breit)

❈ 0,10 m mitteldicke aufbügelbare Einlage
(90 cm breit)

❈ 1 modischer Karabinerhaken mit Ring

Arbeiten Sie mit 1 cm Nahtzugabe.

1 △ Schneiden Sie für die Tasche je zwei Rechtecke von 33 x 26 cm aus grünem Dekostoff, fester flexibler aufbügelbarer Einlage und dem grün gemusterten Baumwollstoff zu. Bügeln Sie die Einlage auf die linke Seite der Dekostoffe. Schneiden Sie einen 20 x 5 cm großen Streifen aus dem grünen Dekostoff zu. Bügeln Sie beide Enden je 1 cm nach links um und falten Sie den Streifen der Länge nach links auf links zur Hälfte. Nähen Sie die Längskanten knappkantig zusammen.

2 ▷ Schneiden Sie von diesem Streifen 5 cm ab und legen Sie das längere Stück beiseite. Schieben Sie den kurzen Streifen durch den Ring des Karabinerverschlusses. Stecken Sie die offenen Enden aufeinander. Heften Sie diese mittig bündig an die kurze untere Kante eines der grünen Dekostoff-Taschenteile. Dies wird die Vorderseite.

3 ▷ Für den Zwickel schneiden Sie je zwei 33 x 6 cm lange Streifen für die Seitenteile und je einen 26 x 6 cm langen Streifen für das Bodenteil aus dem grünen Dekostoff, der festen flexiblen aufbügelbaren Einlage und dem grün gemusterten Baumwollstoff (Futter) zu. Bügeln Sie die Einlage auf die linke Seite des Dekostoffs. Nähen Sie die Seitenteile rechts auf rechts an die Enden des Bodenteils. Beginnen und enden Sie die Naht jeweils 1 cm innerhalb der langen Kanten. Bügeln Sie die Nahtzugaben auseinander.

4 ◁ Fügen Sie nun den Zwickelstreifen rechts auf rechts zwischen die Taschenaußenteile, die Nähte am Zwickel treffen auf die Ecken der Tasche. Stecken Sie zuerst die langen Seitenteile an die kurzen Kanten der Taschenvorderseite, dann das Bodenteil an die lange Kante. Beim Nähen heben Sie eine Nahtzugabenbreite von den Ecken entfernt den Nähfuß an und drehen die Tasche. Schneiden Sie die Nahtzugaben an den Ecken schräg ab und bügeln Sie sie auseinander. Nähen Sie die Taschenrückseite auf die gleiche Weise an. Wenden Sie die Tasche auf rechts.

5 △ Schneiden Sie für den Schulterriemen einen je 90 x 9 cm langen Streifen aus dem grünen Dekostoff und der mitteldicken aufbügelbaren Einlage zu. Bügeln Sie das Vlies auf die linke Seite des Streifens. Bügeln Sie die Enden je 1 cm nach links um und falten Sie den Streifen der Länge nach links auf links zur Hälfte. Nähen Sie die gebügelten Kanten knappkantig zusammen. Stecken und heften Sie den Schulterriemen an den Seiten der Tasche rechts auf rechts bündig an die Oberkanten.

6 △ Der grün gemusterte Baumwollstoff wird das Futter. Folgen Sie den Schritten 3 bis 4 und nähen Sie das Futter. Lassen Sie jedoch an einer Seitennaht eine 18 cm lange Wendeöffnung frei. Schieben Sie die Tasche rechts auf rechts in das Futter, sodass die Nähte aufeinanderliegen. Entfernen Sie den Nähtisch der Nähmaschine, um bequemer arbeiten zu können. Stecken und nähen Sie die Oberkante zusammen.

7 ◁ Wenden Sie die Tasche durch die Wendeöffnung im Futter und schließen Sie die
Wendeöffnung mit Blindstichen. Bügeln Sie das
Futter entlang der Oberkante in die Tasche hinein. Steppen Sie 5 mm unterhalb der Oberkante
entlang. Schneiden Sie je ein Rechteck von
29 x 26 cm für die Klappe aus dem grünen Dekostoff, der festen flexiblen aufbügelbaren Einlage
und dem grün gemusterten Futterstoff zu.
Bügeln Sie die Einlage auf die linke Seite des
Dekostoffs.

8 ▽ Stecken Sie die obere kurze Kante des unterbügelten Klappenteils
4,5 cm unterhalb der Oberkante an die Taschenrückseite. Falten Sie die
Klappe nach vorn. Schieben Sie den beiseite gelegten Streifen durch den
Ring des Karabinerhakens. Stecken Sie ein Ende rechts auf rechts an die
Unterkante der Klappe. Haken Sie den Ring und den Karabiner ein. Passen
Sie die Länge des Streifens an, sodass die Verschlussteile gut zusammen-
treffen. Heften Sie das andere Ende des Streifens ebenfalls an die Klappe
und schneiden Sie überstehende Enden parallel zur Klappenkante ab.

9 △ Nehmen Sie die Klappe wieder von der Tasche ab. Nähen Sie die
Tasche und das Futter rundum rechts auf rechts und lassen Sie an der
hinteren Kante eine Wendeöffnung frei. Schneiden Sie die Nahtzugaben
einseitig zurück und an den Ecken schräg ab. Wenden Sie die Klappe und
bügeln Sie sie. Folgen Sie der Technik „Klappe annähen" auf Seite 16 und
nähen Sie die Klappe an die rückwärtige Oberkante der Tasche.

Tasche mit eingefasster Oberkante

Nähen Sie diese unkonventionelle Tasche aus farbenfrohen Stoffresten. Sie ist geräumig und bietet Platz für alles, was Sie für einen Tag benötigen, dient aber genauso gut als Aufbewahrungsort für das angefangene Näh- oder Strickzeug. Die Einfasskante wird mit Hilfe eines Schrägstreifenformers hergestellt.

Maße

Die Tasche ist 25,5 cm hoch und 40 cm breit.

Sie benötigen

* 0,30 m bunt gemusterter Baumwollstoff (112 cm breit)
* 0,60 m rosa gemusterter Baumwollstoff (112 cm breit)
* 0,50 m grün gepunkteter Baumwollstoff (112 cm breit)
* 0,50 m mitteldickes aufbügelbares Volumenvlies (90 cm breit)
* 4 Knöpfe, ø 2,5 cm
* Schrägstreifenformer, 5 cm breit

1 △ Verwenden Sie die Vorlagen von Seite 139 und schneiden Sie je zwei Taschenteile aus dem bunt und rosa gemusterten Stoff und dem mitteldicken aufbügelbaren Volumenvlies zu. Als Nächstes schneiden Sie zwei Zwickelteile aus dem rosa gemusterten Stoff und eines aus Volumenvlies zu. Bügeln Sie das Vlies auf die linke Stoffseite der bunten Taschenteile und auf den Zwickel. Stecken und nähen Sie die belegten Zwickelteile rechts auf rechts mit einer 1 cm breiten Naht zwischen die bunten Taschenteile von einem Markierungspunkt bis zum anderen.

2 ▷ Stecken und nähen Sie die Seitenteile des verbleibenden Zwickels zwischen die rosa gemusterten Seitenteile, sodass die Markierungspunkte aufeinanderliegen. Schneiden Sie die Nahtzugaben in den Kurven ein und bügeln Sie sie auseinander. Dies ist das Futter. Wenden Sie die Tasche auf rechts. Schieben Sie das Futter links auf links in die Tasche, sodass die Nähte aufeinanderliegen. Stecken Sie die oberen Kanten zusammen. Legen Sie, wie mit Pfeilen auf der Vorlage eingezeichnet, die gestrichelten Linien aufeinander und formen Sie Falten. Stecken Sie sie fest. Heften Sie Tasche und Futter an der Oberkante zusammen.

3 ◁ Schneiden Sie zwei Streifen von 55 x 7 cm aus dem grün gepunkteten Stoff und zwei Streifen von 55 x 2,5 cm aus dem mitteldicken aufbügelbaren Volumenvlies für die Handgriffe zu. Bügeln Sie das Vlies mittig auf die linke Seite der Streifen. Falten und stecken Sie die Handgriffe der Länge nach rechts auf rechts zur Hälfte. Nähen Sie die lange Kante mit 1 cm Nahtzugabe zusammen. Bügeln Sie die Nahtzugabe auseinander.

4 ▷ Wenden Sie die Handgriffe mit Hilfe einer Wollnadel oder eines Schlauchwenders auf rechts. Stecken und heften Sie die offenen Enden der Griffe rechts auf rechts an die Oberkante außerhalb der Falten auf Vorder- und Rückseite der Tasche.

5 ◁ Schneiden Sie für die Einfassung aus dem grün gepunkteten Stoff mehrere Schrägstreifen von 9,5 cm Breite. Nähen Sie die Streifen bis zu einer Gesamtlänge von 90 cm aneinander (siehe Seite 14). Schieben Sie den Streifen mit der linken Seite nach oben durch das breite Ende des Schrägstreifenformers. Beim Durchziehen des Streifens werden die beiden Seitenkanten zur Mitte hin gelegt. Bügeln Sie den gefalteten Streifen, während Sie ihn am anderen Ende des Schrägstreifenformers herausziehen.

6 △ Falten Sie eine Kante des Schrägstreifens auf.
Falten Sie die kurze Kante am Anfang 1 cm nach innen
um und stecken Sie den Streifen rechts auf rechts bündig
an die Oberkante der Tasche. Überlappen Sie die Enden
und schneiden Sie das überstehende Stück 1,5 cm weit
hinter dem Startpunkt ab. Nähen Sie den Einfassstreifen
rundum im Falz an die Oberkante.

7 △ Legen Sie den Schrägstreifen zur Innenseite der Tasche um. Stecken Sie die gebügelte Kante auf die Nahtlinie. Nähen Sie die
Kante des Schrägstreifens mit Blindstichen auf
der Naht fest, sodass die Nahtlinie verdeckt ist.

8 ◁ Heben Sie die Handgriffe an und stecken
Sie sie am Einfassstreifen fest. Nähen Sie
einen Knopf an das untere Ende jedes Griffes,
damit er aufrecht am Einfassstreifen stehen
bleibt.

Wendbare Unterarmtasche

Mit dieser schönen Unterarmtasche läuten Sie die Wende ein, denn sie ist wendbar und schaut in zwei kontrastierenden Farben großartig aus. Eine praktische Handgelenksschlaufe hält Ihnen die Hände frei. Zur Sicherung kann ein Schlüsselring an einen weiteren Ring innerhalb der Tasche angehängt werden.

Maße

Die Tasche ist 16 cm hoch und 22 cm breit.

Sie benötigen

✳ 0,30 m wasserblauer Baumwollstoff (112 cm breit)
✳ 0,30 m dunkelrosa gemusterter Baumwollstoff (112 cm breit)
✳ 0,50 m mittelfeste einnähbare Einlage (90 cm breit)
✳ 50 x 10 cm mittelfeste aufbügelbare Einlage
✳ 2 Silberringe, ø 1,5 cm
✳ 2 Druckknöpfe, ø 11 mm
✳ 1 silberner Karabinerhaken, ø 8 mm

Arbeiten Sie mit 1 cm Nahtzugabe.

1 △ Schneiden Sie für die Tasche zwei Rechtecke von 27 x 24 cm aus dem wasserblauen und dem dunkelrosa Stoff sowie vier Rechtecke aus der mittelfesten einnähbaren Einlage zu. Heften Sie die Einlage auf die linke Seite der Taschenteile.

2 ◁ Schneiden Sie einen je 46 x 6 cm großen Streifen für die Ringschlaufen und die Handgelenksschlaufe aus wasserblauem Stoff und der mittelfesten aufbügelbaren Einlage zu. Bügeln Sie die Einlage auf die linke Seite des Streifens. Bügeln Sie die Enden je 1 cm nach links um und falten Sie den Streifen der Länge nach links auf links zur Hälfte. Nähen Sie die beiden gebügelten Kanten knappkantig zusammen.

3 ▷ Schneiden Sie für die Ringschlaufen zwei 5,5 cm lange Stücke ab, der Rest des Streifens wird die Handgelenksschlaufe. Schieben Sie einen silbernen Ring auf jede Ringschlaufe. Falten Sie jede Schlaufe zur Hälfte und stecken Sie die offenen Enden aufeinander. Stecken und heften Sie je einen Ringhalter bündig an die Mitte einer langen Kante des wasserblauen und des rosa gemusterten Stoffes.

4 △ Stecken Sie die wasserblauen Taschenteile rechts auf rechts. Nähen Sie die langen Seitenkanten und eine kurze Kante zusammen. Schneiden Sie die Nahtzugaben an den Ecken schräg ab und bügeln Sie sie auseinander. Machen Sie dasselbe mit dem rosa gemusterten Taschenteil und lassen Sie an einer langen Kante ohne Ring eine 18 cm große Wendeöffnung frei. Entfernen Sie noch nicht die Heftfäden in der Wendeöffnung. Wenden Sie die wasserblaue Tasche auf rechts.

5 ▷ Schieben die die wasserblaue Tasche rechts auf rechts in die rosa gemusterte Tasche, sodass die Seitennähte und die Oberkanten aufeinanderliegen. Die Ringhalter müssen sich an gegenüberliegenden Kanten befinden. Nähen Sie die Oberkanten zusammen. Es ist bequemer zu arbeiten, wenn Sie dafür den Nähtisch der Nähmaschine abnehmen.

7 ▽ Nähen Sie einen Druckknopf auf die Taschenvorderseite 3 cm unterhalb der Oberkante und 3 cm innerhalb der Seitenkante mit dem Ring. Stechen Sie jedoch nicht bis zum wasserblauen Stoff durch. Falten Sie die obere Kante der Tasche über die Vorderseite bis knapp über den Ring. Markieren Sie die Stelle für das Gegenstück des Druckknopfs auf der Unterkante der Taschenvorderseite und nähen Sie hier das Gegenstück an. Wenden Sie die Innenseite der Tasche nach außen und wiederholen Sie dies auf der wasserblauen Seite.

6 △ Wenden Sie die Tasche durch die Wendeöffnung. Schließen Sie die Wendeöffnung mit Blindstichen. Schieben Sie die wasserblaue Tasche in die rosa gemusterte und bügeln Sie die Oberkante.

8 ▽ Schieben Sie ein Ende der Handgelenksschlaufe durch die Halterung eines silbernen Karabinerhakens von 8 mm Breite. Nähen Sie die Enden der Handgelenksschlaufe rechts auf rechts zusammen. Schneiden Sie die Nahtzugaben einseitig zurück und bügeln Sie sie auseinander. Wenden Sie den Streifen auf rechts.

9 △ Passen Sie die Schlaufe am Karabiner auf 2,5 cm Länge an. Steppen Sie 5 mm auf beiden Seiten neben der Naht quer über die Schlaufe. Befestigen Sie den Karabinerhaken an seiner Halterung und im Ring an der Taschenaußenseite.

Halbmondtasche

Diese vielseitige, halbrunde Tasche ist ideal für jeden Tag oder Abend. Verzieren Sie die Tasche mit selbst hergestellten Paspelstreifen, die zum Futterstoff passen. Der Schulterriemen wird in kleinen Metall-Ösen befestigt.

Maße

Die Tasche ist 18 cm hoch und 25 cm breit.

Sie benötigen

* 0,40 m rot gemusterter Baumwollstoff (112 cm breit)
* 0,90 m rosa Uni-Baumwollstoff (112 cm breit)
* 0,20 m rosa gemusterter Baumwollstoff (112 cm breit)
* 0,20 m mitteldickes aufbügelbares Volumenvlies (90 cm breit)
* 0,20 m feste flexible aufbügelbare Einlage (90 cm breit)
* 0,10 m mittelfeste aufbügelbare Einlage
* 60 cm Paspelschnur, ø 4 mm
* 1 silberner Magnetverschluss, ø 14 mm
* 2 Ösen aus Nickel, ø 14 mm, mit Befestigungswerkzeug

Arbeiten Sie mit 1 cm Nahtzugabe.

1 ◁ Schneiden Sie zwei Schrägstreifen von 27,5 x 3 cm für die Paspeln aus dem rot gemusterten Baumwollstoff zu. Stellen Sie Ihre Nähmaschine auf einen langen Geradstich zum Heften ein. Halbieren Sie die Paspelschnur. Legen Sie die Schnur mittig auf die linke Seite des Schrägstreifens. Falten Sie den Streifen über die Schnur. Nähen Sie mit Hilfe des Reißverschlussfußes ganz nahe der Schnur entlang. Bereiten Sie beide Paspeln auf diese Weise vor.

2 △ Verwenden Sie die Vorlagen von Seite 138 und schneiden Sie je zwei Taschenunterteile aus dem rosa gemusterten Stoff, aus dem mitteldicken aufbügelbaren Volumenvlies und dem rot gemusterten Futterstoff zu. Bügeln Sie das Vlies auf die linke Seite der rosa gemusterten Stoffe. Heften Sie eine der Paspeln rechts auf rechts an die mit Kerben markierte Kante der rosa gemusterten unteren Taschenteile. Biegen Sie die Enden der Paspeln ca. 1 cm vor der Seitenkante nach innen weg.

3 ◁ Verwenden Sie die Vorlagen von Seite 138 und schneiden Sie je zwei Taschenober-teile aus dem rosa Unistoff, der festen flexiblen aufbügelbaren Einlage und dem rot gemusterten Futterstoff zu. Bügeln Sie die Einlage auf die linke Seite der rosa Unistoffe. Stecken Sie jedes unifarbene Oberteil an die mit Paspel versehenen Unterteile. Arbeiten Sie mit dem Reißverschluss-fuß. Schneiden Sie die Nahtzugaben einseitig zurück, in den Kurven ein und bügeln Sie sie zu den Oberteilen hin. Steppen Sie auf der rechten Seite 5 mm neben den Nähten entlang.

4 ▷ Nähen Sie die Taschenteile an den Sei-ten und der Unterkante rechts auf rechts zusammen, die Quernähte liegen aufeinander. Schneiden Sie die Nahtzugaben in den Kurven ein und bügeln Sie sie auseinander. Wenden Sie die Tasche auf rechts.

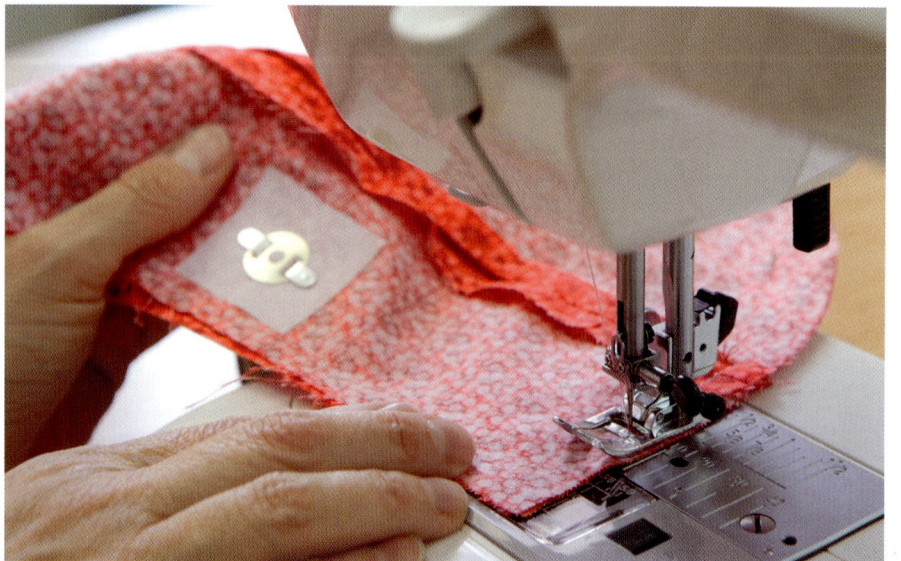

5 ◁ Die rot gemusterten Stoffe werden das Fut-ter. Schneiden Sie zwei 4 x 4 cm große Qua-drate aus der festen flexiblen aufbügelbaren Ein-lage zu und setzen Sie eine Hälfte des Magnet-verschlusses an der markierten Stelle des Futters im Oberteil ein, wie auf Seite 14 „Magnetverschluss anbringen" beschrieben. Nähen Sie jeweils das obere Futterteil an den gekerbten Kanten rechts auf rechts an das untere. Lassen Sie eine 15 cm Wende-öffnung frei. Schneiden Sie die Nahtzugaben in den Kurven ein und bügeln Sie sie auseinander. Nähen Sie die Seiten und die Unterkanten rechts auf rechts zusammen. Schneiden Sie die Nahtzugaben in den Kurven ein und bügeln Sie sie auseinander.

6 ▽ Entfernen Sie den Nähtisch Ihrer Nähmaschine. Schieben Sie die Außenseite rechts auf rechts in das Futter, sodass die Nähte aufeinanderliegen. Stecken und nähen Sie beides an den offenen Oberkanten zusammen. Schneiden Sie die Nahtzugaben einseitig zurück und in den Kurven ein. Wenden Sie die Tasche durch die Wendeöffnung und schließen Sie diese mit Blindstichen. Bügeln Sie das Futter an der Oberkante in die Tasche hinein. Steppen Sie 5 mm unterhalb der Oberkante entlang.

7 △ Schließen Sie den Magnetverschluss. Schlagen Sie am Markierungspunkt eine 14 mm große Öse durch Vorder- und Rückseite ein. Folgen Sie dabei den Anweisungen des Herstellers.

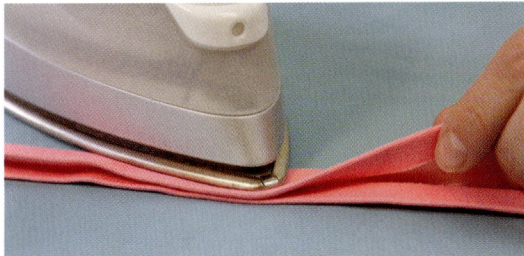

8 △ Schneiden Sie für den Schulterriemen je einen Streifen von 85 x 7 cm aus dem rosa Unistoff und der mittelfesten aufbügelbaren Einlage zu. Bügeln Sie die Einlage mittig auf die linke Seite des Streifens. Bügeln Sie die Enden je 1 cm nach links um und bügeln Sie den Streifen der Länge nach links auf links zur Hälfte. Nähen Sie die beiden gebügelten Kanten knappkantig zusammen.

9 ▷ Bügeln Sie die Enden des Streifens je 1 cm nach links um. Bringen Sie jeweils 11,5 cm vom gebügelten Ende entfernt eine Stecknadel als Markierung an. Schieben Sie jedes Ende rechts auf rechts durch eine Öse bis an die Stecknadel heran. Heften Sie es fest. Nähen Sie nahe der gebügelten Kante quer über den Streifen und dann noch einmal 5 mm weiter innen.

Retro-Tasche mit Zackenlitze

Dies ist der typische Retro-Look, und so passt die Tasche gut zu einem modisch-altmodischen Sommerkleid. Die Tasche ist bis an einen steifen Bund hin gerafft, mit einer breiten Zackenlitze verziert und mit durchsichtigen Plastikgriffen versehen.

Maße

Die Tasche ist 23 cm hoch und 34 cm breit (ohne Griffe).

Sie benötigen

* 0,20 m dunkelrosa Uni-Baumwollstoff (90 cm breit)
* 0,20 m rosa gemusterter Uni-Baumwollstoff (90 cm breit)
* 0,30 m weiß gemusterter Baumwollstoff (112 cm breit)
* 0,20 m extrasteife aufbügelbare Einlage
* 0,30 m mittelfeste einnähbare Einlage (90 cm breit)
* 50 cm hellrosa Zackenlitze, 1,2 cm breit
* 2 weiße durchsichtige Plastikgriffe, 15 cm breit

Arbeiten Sie mit 1 cm Nahtzugabe.

1 ◁ Schneiden Sie vier Rechtecke von 25 x 7 cm aus dem dunkelrosa Unistoff und zwei Rechtecke aus der extrasteifen aufbügelbaren Einlage für den Bund zu. Bügeln Sie die Einlage auf die linke Seite von zwei Rechtecken. Nähen Sie die beiden belegten Teile an einer kurzen Kante rechts auf rechts. Bügeln Sie die Nahtzugaben auseinander. Legen Sie die anderen beiden dunkelrosa Streifen beiseite.

2 △ Stecken Sie eine Zackenlitze auf den Bund und nähen Sie mittig über die Litze. Falten Sie den Bund quer rechts auf rechts zur Hälfte und nähen Sie ihn an den Enden zu einem Ring zusammen. Bügeln Sie die Nahtzugaben auseinander.

3 ▷ Schneiden Sie für die Tasche je zwei Rechtecke von 36 x 21 cm aus dem rosa gemusterten Stoff, der mittelfesten einnähbaren Einlage und dem weiß gemusterten Stoff zu. Falten Sie eines der Rechtecke quer zur Hälfte, die kurzen Kanten liegen aufeinander. Messen Sie an einer Ecke zu beiden Seiten hin 5 cm ab und markieren Sie die Stellen jeweils mit einer Stecknadel. Schneiden die Ecke in diesem Bereich rund. Wiederholen Sie dies an allen anderen Taschenteilen. Heften Sie die Einlage auf die linke Seite der rosa gemusterten Stoffe.

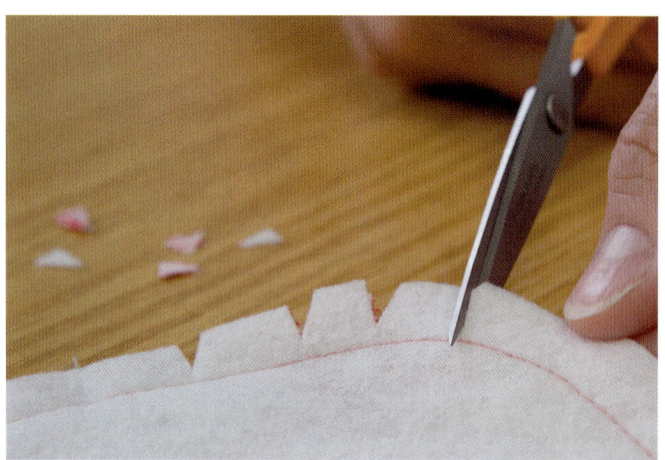

4 ◁ Stecken und nähen Sie die Taschenteile rechts auf rechts und lassen Sie die Oberkante offen. Schneiden Sie die Nahtzugaben in den Kurven ein und bügeln Sie sie auseinander. Der rosa gemusterte Stoff wird die Außenseite, der weiß gemusterte Stoff das Futter. Wenden Sie das Futter auf rechts. Schieben Sie die Taschenaußenseite links auf links in das Futter, sodass die Seitennähte aufeinanderliegen. Stecken Sie die offenen Oberkanten aufeinander fest.

5 ▷ Arbeiten Sie ca. 5 mm entlang der Oberkante zwei Heftfäden ein. Stecken Sie die Unterkante des Bundes rechts auf rechts bündig an die Oberkante der Tasche, dabei liegen die Seitennähte und die Mitten von Bund und Oberkante exakt aufeinander. Ziehen Sie die Heftfäden zusammen, bis die Taschenweite dem Bund angepasst ist. Entfernen Sie den Nähtisch der Nähmaschine, um bequemer arbeiten zu können. Stecken und nähen Sie den Bund fest. Bügeln Sie die Nahtzugaben zum Bund hin. Wenden Sie die Tasche, sodass das Futter innen liegt.

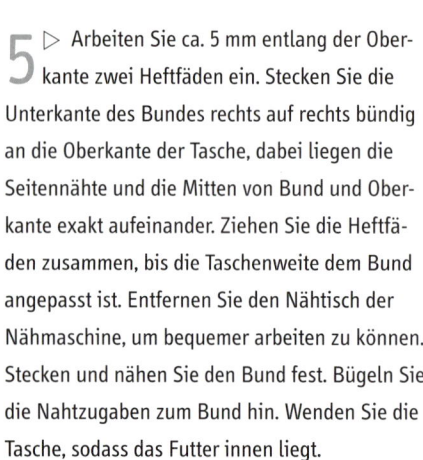

6 ▷ Stecken und nähen Sie die beiseite gelegten dunkelrosa Streifen an ihren kurzen
Kanten rechts auf rechts zu einem Ring zusammen. Bügeln Sie die Nahtzugaben auseinander.
Bügeln Sie an der Unterkante 1 cm nach links
um.

7 ◁ Schieben Sie diesen Stoffring rechts auf
rechts über den mit Einlage belegten, ange-
nähten Bund der Tasche. Stecken und nähen Sie
beide Stoffringe an der Oberkante zusammen.
Lassen Sie dabei an jedem Teil im Abstand von
3 cm zur Seitennaht eine Öffnung von 4 cm
Breite für die Griffe offen.

8 △ Bügeln Sie die Innenseite des Bundes in
Richtung Tasche. Wenden Sie die Tasche, sodass das Futter außen liegt. Stecken Sie die umgebügelte Unterkante des Bundes an der Nahtlinie entlang und nähen Sie sie mit Blindstichen
fest.

9 △ Schneiden Sie einen Streifen von 26 x 5 cm aus dunkelrosa Unistoff zu. Bügeln Sie die Enden je
1 cm nach links um und bügeln Sie den Streifen der Länge nach links auf links zur Hälfte. Schneiden Sie für die Griffhalter den Streifen in vier gleich lange Stücke. Schieben Sie jedes davon durch den
Schlitz an einem der Plastikgriffe und stecken Sie die Enden zusammen. Schieben Sie die Griffhalter
durch die Öffnungen an der vorderen Oberkante der Tasche. Nähen Sie die Streifen von Hand besonders fest an. Wiederholen Sie dies an der Taschenrückseite und wenden Sie die Tasche auf rechts.

Rosettentasche

Auf dieser modernen Tasche prangt eine geraffte Rosette mit einem Knopf in der Mitte. Das Besondere an der Rosette ist, dass sie abgenommen und als Brosche getragen werden kann. Die beiden langen Schulterbänder sind mit einem Knoten verbunden.

Maße

Die Tasche ist 22 cm hoch und 25 cm breit.

Sie benötigen

❋ 0,70 m hellrosa Wildlederimitat (90 cm breit)

❋ 0,70 m glänzender mittelrosa Baumwollstoff
  (90 cm breit)

❋ 0,30 m mittelrosa Uni-Baumwollstoff
  (112 cm breit)

❋ 0,30 m mitteldickes aufbügelbares
  Volumenvlies (90 cm breit)

❋ 8 x 4 cm feste flexible aufbügelbare Einlage
  (90 cm breit)

❋ 1 goldfarbener Magnetverschluss, ø 1 cm

❋ 1 rosa Knopf, ø 3 cm

❋ 1 Anstecknadel zum Festnähen

Arbeiten Sie mit 1 cm Nahtzugabe.

TIPP

Damit die Nähte an den Oberkanten
sauber aussehen, machen Sie zu
Beginn und Ende der Naht einige
Handstiche und arbeiten Sie dann
erst mit der Nähmaschine weiter.

1 ▽ Verwenden Sie die Vorlagen von Seite 140 und
schneiden Sie je einen langen und kurzen Träger aus
dem rosa Wildlederimitat und dem mittelrosa glänzenden
Stoff zu. Stecken und heften Sie die beiden Träger rechts auf
rechts. Lassen Sie die Enden zum Wenden offen. Schneiden
Sie die Nahtzugaben einseitig zurück und in den Kurven
ein. Wenden Sie die Träger und bügeln Sie sie.

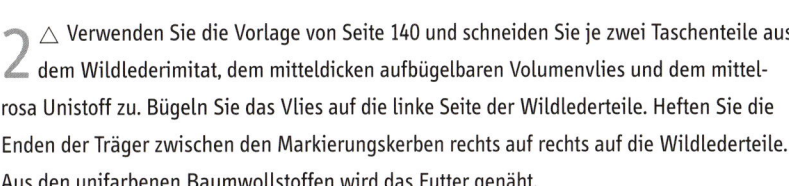

2 △ Verwenden Sie die Vorlage von Seite 140 und schneiden Sie je zwei Taschenteile aus
dem Wildlederimitat, dem mitteldicken aufbügelbaren Volumenvlies und dem mittelrosa Unistoff zu. Bügeln Sie das Vlies auf die linke Seite der Wildlederteile. Heften Sie die
Enden der Träger zwischen den Markierungskerben rechts auf rechts auf die Wildlederteile.
Aus den unifarbenen Baumwollstoffen wird das Futter genäht.

3 ◁ Stecken und nähen Sie die Wildlederteile rechts auf rechts an den Außenkanten
zusammen. Beginnen und enden Sie an den Markierungspunkten und lassen Sie die
geschwungene Kante offen. Fassen Sie nicht versehentlich die langen Träger in die Naht.
Schneiden Sie die Nahtzugaben in den Kurven ein und bügeln Sie sie auseinander.

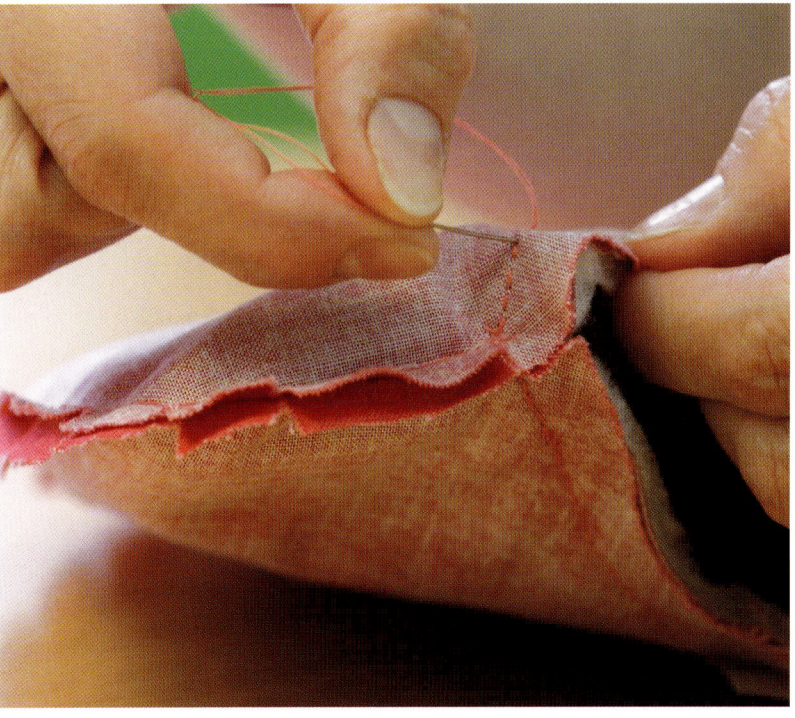

4 ▷ Wenden Sie die Wildledertasche auf rechts. Befestigen Sie einen goldfarbenen Magnetverschluss auf dem
Markierungskreuz des Futterteils, wie auf Seite 14 beschrieben. Nähen Sie das Futter, wie in Schritt 3 beschrieben, und
lassen Sie in einer der Seitennähte eine 15 cm breite Wendeöffnung frei. Schieben Sie die Wildledertasche rechts auf
rechts in die Futtertasche, sodass die Nähte und Markierungspunkte aufeinanderliegen. Stecken Sie die Kanten der vorderen Oberkante aufeinander. Beginnen Sie an einem Markierungspunkt und nähen Sie die Öffnung von den Seiten her
ca. 2 cm weit von Hand zu. Wiederholen Sie dies am anderen
Ende der Naht und ebenso an der rückwärtigen Oberkante.

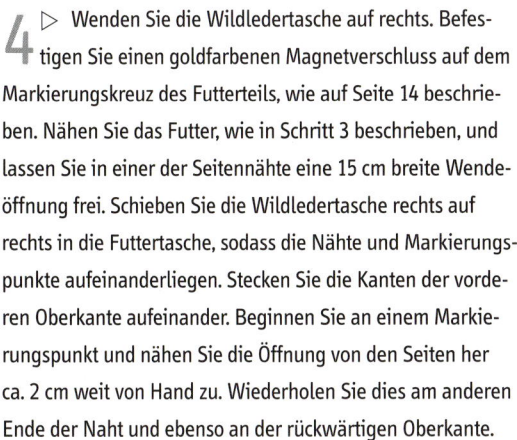

5 ▷ Entfernen Sie den Nähtisch der Nähmaschine, um bequemer arbeiten zu können.
Nähen Sie die Naht an den Oberkanten zwischen
den Handstichen mit der Maschine weiter. Schneiden Sie die Nahtzugaben einseitig zurück und in
den Kurven ein. Wenden Sie die Tasche auf
rechts. Schließen Sie die Wendeöffnung mit
Blindstichen. Schieben Sie das Futter in die
Tasche hinein. Bügeln Sie die Oberkante. Verknoten Sie die Träger.

6 △ Schneiden Sie für die Rosette einen Kreis von 17 cm Durchmesser
aus dem mittelrosa glänzenden Stoff zu. Schneiden Sie aus dem mitteldicken aufbügelbaren Volumenvlies einen Kreis von 7,5 cm Durchmesser zu
und bügeln Sie diesen mittig auf die linke Seite des Stoffkreises. Falten Sie
die Außenkante des Kreises 1 cm weit nach links um und arbeiten Sie rundum lange Vorstiche knapp innerhalb der umgeschlagenen Kante.

7 △ Raffen Sie die Kante gleichmäßig zur Mitte der Rosette. Befestigen
Sie die Kante mit einigen Stichen in der Mitte. Nähen Sie einen 3 cm
großen Knopf auf die Vorderseite der Rosette und verdecken Sie damit die
geraffte Kante. Nähen Sie eine Anstecknadel sehr fest auf die Rückseite der
Rosette und stecken Sie sie auf die Vorderseite der Tasche.

Kosmetiktasche

Auch Wachstuch ist nicht schwer zu verarbeiten. Diese praktische Tasche wäre ein schönes Geschenk.
Bei der Verarbeitung gibt es einige Besonderheiten zu beachten, aber keine Angst, es ist alles halb so
schwer. Auf Seite 7 finden Sie Tipps zum Umgang mit Wachstuch.

Maße

Die Tasche ist 14 cm hoch und 22 cm breit.

Sie benötigen

* 0,20 m blaues, weiß gepunktetes Wachstuch
  (140 cm breit)
* 20 cm dünne rosa Kordel
* 1 rosa Reißverschluss, 18 cm lang
* 5 hellrosa Perlen, ø 5 mm
* 1 leuchtend rosa Perle, ø 1,2 cm
* 24 x 4 cm weißes Seidenpapier
* Feiner Bleistift
* Lineal
* Klebeband

1 ◁ Schneiden Sie zwei Rechtecke von 24 x 19 cm aus dem gepunkteten Wachstuch zu. Legen Sie die Rechtecke rechts auf rechts und nähen Sie an der langen Oberkante von beiden Seite her 3 cm weit nach innen. Arbeiten Sie mit 1,5 cm breiten Nahtzugaben und drücken Sie diese mit den Fingern flach.

2 △ Legen Sie auf der rechten Seite die beiden flachgedrückten Kanten dicht aneinander und streichen Sie mit einem Lineal darüber. Dann kleben Sie einige Streifen Klebefilm über die beiden Kanten. Legen Sie den Reißverschluss mit der rechten Seite nach unten auf die linke Seite dieser Naht. Kleben Sie auch den Reißverschluss mit Klebestreifen fest.

3 ▽ Zeichnen Sie mit einem feinen Bleistift auf einen 24 x 4 cm langen Streifen Seidenpapier eine mittlere Längslinie und rechts und links davon zwei parallel laufende Linien im Abstand von 0,75 cm. Legen Sie den Streifen auf die rechte Seite der Taschenteile exakt auf die Reißverschlussnaht. Befestigen Sie ihn mit Klebefilm.

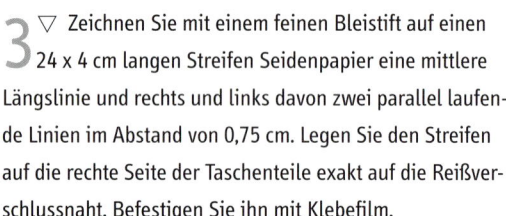

4 △ Setzen Sie den Reißverschlussfuß der Nähmaschine ein und nähen Sie den Reißverschluss mit jeweils 0,75 cm seitlichem Abstand zur Mitte und quer über die Enden fest. Richten Sie sich nach den beiden äußeren Linien auf dem Seidenpapier.

5 ◁ Zupfen Sie das Seidenpapier vorsichtig aus der Naht und entfernen Sie alle Klebestreifen. Öffnen Sie den Reißverschluss. Falten Sie die Tasche entlang der Oberkante rechts auf rechts. Nähen Sie die Seiten und die Unterkante mit 1 cm Nahtzugabe zusammen.

6 ▷ Für die Bodenecke drücken Sie eine Ecke nach außen, sodass die Seitennaht auf der Bodennaht liegt. Nähen Sie im Abstand von 2,5 cm im rechten Winkel über die Ecke. Diese Naht wird 5 cm lang. Schneiden Sie die Ecke bis auf 1 cm zur Naht zurück. Wiederholen Sie dies an der anderen Ecke.

7 ◁ Wenden Sie die Tasche auf rechts. Schieben Sie die dünne Kordel durch den Zipper des Reißverschlusses. Fädeln Sie über beide Enden gleichzeitig vier kleine rosa Perlen, eine große rosa Perle und wieder eine kleine rosa Perle. Schieben Sie die Perlen an der Kordel entlang nach oben und verknoten Sie die Enden unter der letzten Perle. Schneiden Sie überstehende Kordelenden ab.

Tasche mit Blockstreifen

Nehmen Sie diese Tasche mit auf Shoppingtour, denn sie ist groß genug für alle Einkäufe, und für den Urlaub ist sie geradezu ideal. Die Tasche ist mit weichem Vlies gepolstert und wird an zwei ringförmigen Plastikgriffen getragen.

Maße

Die Tasche ist 30 cm hoch und 28 cm breit (ohne Griffe).

Sie benötigen

❊ 0,30 m mittelblaues Leinen (150 cm breit)

❊ 0,20 m hellblaues Leinen (150 cm breit)

❊ 0,40 m grün gemusterter Baumwollstoff (112 cm breit)

❊ 0,40 m mitteldickes aufbügelbares Volumenvlies (90 cm breit)

❊ 30 x 15 cm feste flexible aufbügelbare Einlage (90 cm breit)

❊ 2 runde Plastikringe aus Holzimitat, ø 15 cm

Arbeiten Sie mit 1 cm Nahtzugabe.

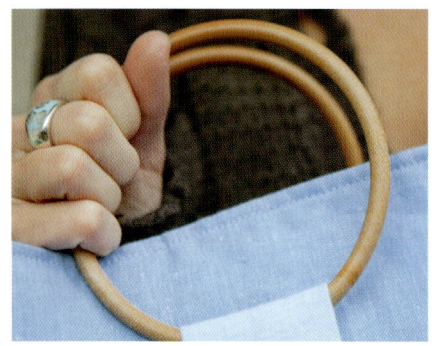

1 △ Schneiden Sie für die Blockstreifen Rechtecke von 35,5 x 12 cm zu, und zwar vier aus dem mittelblauen Leinen, zwei aus dem hellblauen Leinen und sechs aus dem mitteldicken aufbügelbaren Volumenvlies. Bügeln Sie das Vlies auf die linken Seiten aller Rechtecke. Schneiden Sie zwei Quadrate von 13 x 13 cm aus dem hellblauen Leinen und zwei Rechtecke von 11 x 5,5 cm aus dem mitteldicken aufbügelbaren Volumenvlies für die Griffhalter zu. Bügeln Sie das Vlies mittig auf die linke Seite der Quadrate.

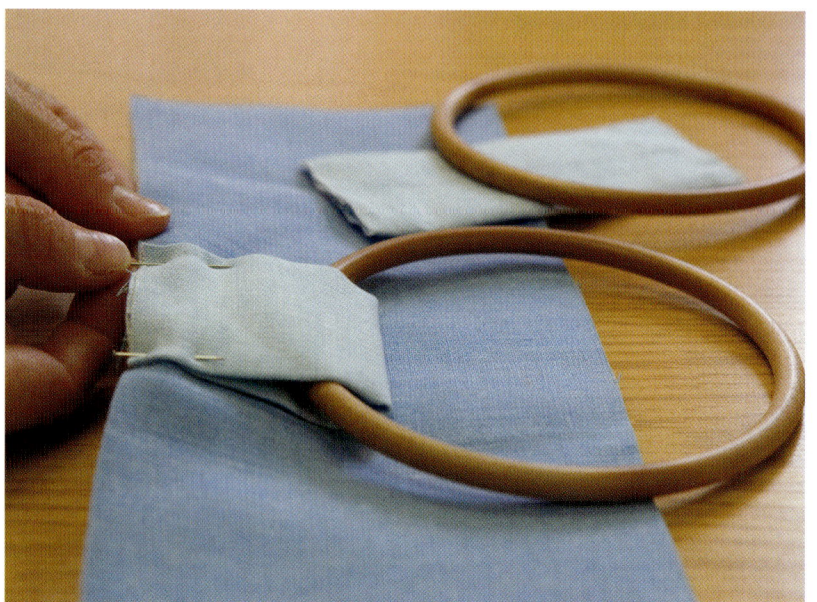

3 ▽ Verschieben Sie die Nähte in die Längsmitte und bügeln Sie sie. Falten Sie über jeden Griff einen Griffhalter. Stecken Sie die Enden zusammen. Stecken und heften Sie jeden Griffhalter bündig in die Mitte der langen Unterkanten von zwei der mittelblauen Blockstreifen.

2 △ Falten Sie die Griffhalter der Länge nach rechts auf rechts zur Hälfte und nähen Sie die offene Kante zu. Bügeln Sie die Nahtzugaben auseinander und wenden Sie die Streifen.

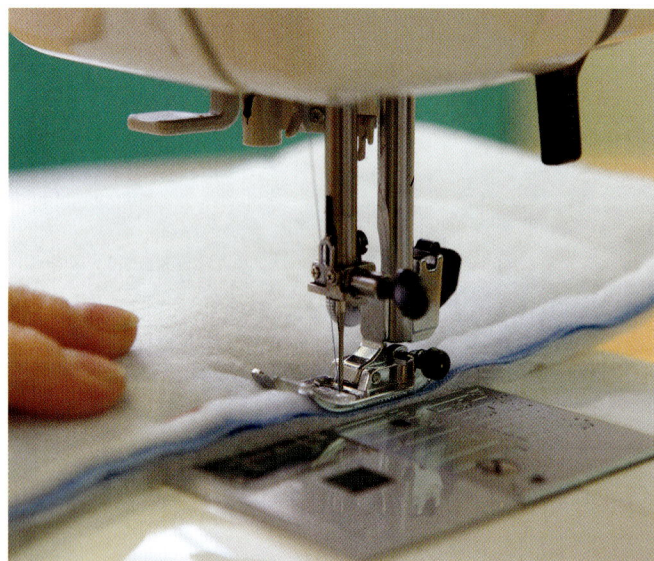

4 △ Stecken und heften Sie die hellblauen Rechtecke an den langen Kanten rechts auf rechts zwischen die mittelblauen Rechtecke und fassen Sie in den oberen Nähten die Griffhalter mit. Bügeln Sie die Nahtzugaben nach unten. Steppen Sie von der rechten Seite her im Abstand von 5 mm unterhalb jeder Naht entlang. Nähen Sie die Seitennähte rechts auf rechts zusammen, die Nähte der Blockstreifen treffen sich in der Seitennaht. Bügeln Sie die Nahtzugaben auseinander.

5 △ Verwenden Sie die Vorlage von Seite 141. Schneiden Sie je eine Bodenfläche aus mittelblauem Leinen und aus fester flexibler aufbügelbarer Einlage zu. Bügeln Sie die Einlage auf die linke Seite des Leinenbodens. Stecken und heften Sie den Boden rechts auf rechts an die Unterkanten der Tasche, die Seitennähte liegen an den Markierungspunkten des Bodens. Schneiden Sie die Nahtzugaben ein. Nähen Sie den Boden ein. Schneiden Sie die Nahtzugaben in den Kurven ein und bügeln Sie sie zum Boden hin.

6 ◁ Schneiden Sie zwei Rechtecke von 35 x 32 cm und ein Bodenteil aus dem grün gemusterten Baumwollstoff zu. Nähen Sie daraus das Futter. Legen Sie die Rechtecke rechts auf rechts und nähen Sie die kurzen Seiten aufeinander. Lassen Sie an einer der Seiten eine 23 cm lange Wendeöffnung frei. Bügeln Sie die Nahtzugaben auseinander. Nähen Sie den Boden an die Unterkanten, wie in Schritt 5 beschrieben.

7 ▷ Wenden Sie die Tasche auf rechts. Schieben Sie die Tasche rechts auf rechts in das Futter, sodass die Seitennähte aufeinanderliegen. Stecken Sie die offenen Oberkanten zusammen. Nähen Sie um die Oberkante herum und schneiden Sie die Nahtzugaben einseitig zurück.

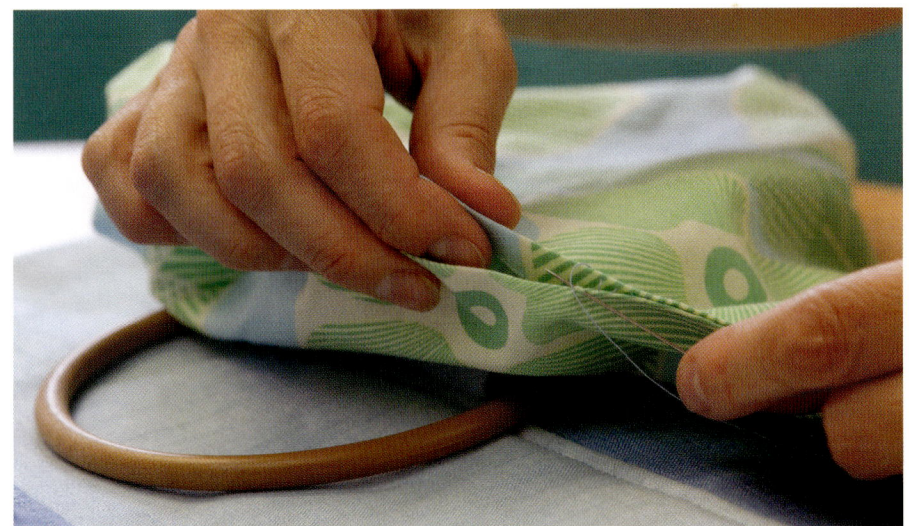

8 ◁ Wenden Sie die Tasche durch die Wendeöffnung und schließen Sie diese mit Blindstichen. Schieben Sie das Futter ins Innere der Tasche. Bügeln Sie die Oberkante. Steppen Sie 5 mm unterhalb der Oberkante entlang. Befestigen Sie die Griffhalter an ihren Oberkanten mit einigen unsichtbaren Stichen an der Tasche.

Tasche mit Spitzenborte

Nähen Sie diese antik anmutende Tasche für einen glamourösen Abend. Die Tasche ist mit einer Borte aus Metallicspitze verziert und wird mit einem unsichtbaren Magnetverschluss geschlossen. Zwar wirkt die Tasche klein und zierlich, doch haben darin so wichtige Dinge wie Parfum und Kosmetika bestens Platz.

Maße

Die Tasche ist 13 cm hoch und 30 cm breit (ohne Griffe).

Sie benötigen

* 0,20 m aquafarbene Dupionseide (90 cm breit)
* 0,20 m aquafarbener Baumwollstoff (112 cm breit)
* 0,20 m mitteldickes aufbügelbares Volumenvlies (90 cm breit)
* 0,10 m feste aufbügelbare Einlage
* 40 cm silberne Spitzenborte, 5,5 cm breit
* 50 cm Korsettstäbchen, 1,2 cm breit
* 1 unsichtbarer Magnetverschluss, ø 1,2 cm
* 2 Taschengriffe aus Metall, 17 cm breit

Arbeiten Sie mit 1 cm Nahtzugabe.

1 △ Verwenden Sie die Vorlage von Seite 141 und schneiden Sie je zwei Taschenteile aus Dupionseide, aus dem mitteldicken aufbügelbaren Volumenvlies und dem Baumwollstoff zu. Schneiden Sie das Vlies rundum 5 mm kleiner zu. Bügeln Sie das Vlies mittig auf die linke Seite der Seidenteile. Stecken Sie die Spitzenborte auf die rechte Seite eines der seidenen Taschenteile, 1,5 cm oberhalb der Unterkante. Nähen Sie dicht an Ober- und Unterkante der Spitzenborte entlang. Schneiden Sie die Enden der Borte in der gleichen Form wie die abgerundete Taschenkante zu. Dies wird die Vorderseite der Tasche.

3 ▽ Orientieren Sie sich an der Vorlage und heften Sie über das Markierungskreuz auf der linken Seite der Baumwollstoffe jeweils ein magnetisches Verschlussteil. Die rechte Seite des Magneten weist zum Stoff hin. Befestigen Sie das Magnetteil von der rechten Stoffseite her mit kleinen Rückstichen von Hand und mit doppelt gelegtem Faden. Vielleicht ist es hilfreich, mit einem löslichen Stift den Umriss des Magneten nachzuzeichnen, um exakt auf der Linie sticken zu können.

2 △ Nähen Sie die seidenen Teile rechts auf rechts an den Seiten und der Unterkante zusammen. Beginnen und enden Sie an den Markierungspunkten. Schneiden Sie die Nahzugaben in den Kurven ein und bügeln Sie sie auseinander.

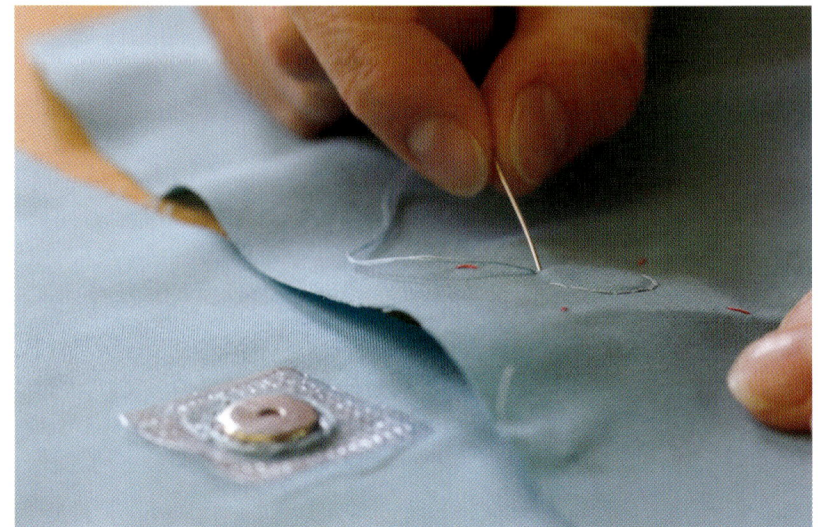

4 ◁ Wiederholen Sie Schritt 2 und nähen Sie das Futter aus dem Baumwollstoff. Wenden Sie die Taschenaußenseite auf rechts und schieben Sie sie rechts auf rechts in das Futter, sodass die Markierungspunkte und offenen Kanten aufeinanderliegen. Nähen Sie die beiden Seiten der Oberkanten jeweils bis an Markierungspunkte von Vorder- und Rückseite zusammen. Wenden Sie die Tasche, schieben Sie das Futter nach innen und bügeln Sie die Seitennähte.

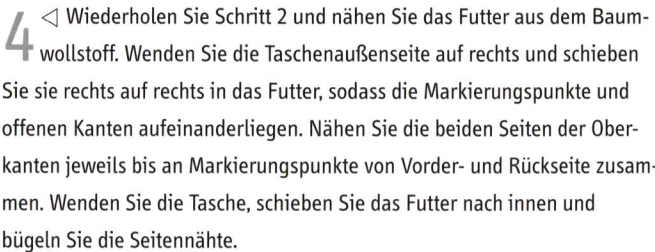

5 ▷ Stecken Sie zuerst die vorderen, dann die rückwärtigen Oberkanten zusammen. Orientieren Sie sich an der Vorlage und legen Sie von der rechten Seite her von einer gestrichelten Linie zur anderen zwei nach außen weisende Falten an jedem Ende von Vorderseite und Rückseite. Heften Sie die Falten fest.

6 ◁ Schneiden Sie je zwei Streifen von 24 x 4,5 cm aus Dupionseide und der festen aufbügelbaren Einlage für den Taschenbund zu. Bügeln Sie die Einlage auf die linke Seite der Streifen. Bügeln Sie die Bundbänder der Länge nach links auf links zur Hälfte. Öffnen Sie die Streifen und bügeln Sie jeweils eine lange Kante 1 cm nach links um. Stecken Sie die lange offene Kante rechts auf rechts an die Oberkante der Tasche, die Bänder stehen an den Seiten 1 cm weit über. Nähen Sie die vordere und rückwärtige Kante auf diese Weise. Heften Sie den Bund fest.

7 ▷ Schneiden Sie einen Streifen von 30 x 4 cm aus Seide zu. Bügeln Sie ihn der Länge nach links auf links zur Hälfte, öffnen Sie den Streifen wieder, legen Sie beide Längskanten zur Mitte und falten Sie den Streifen wieder zusammen. Schneiden Sie den Streifen in vier gleich lange Stücke. Schieben Sie jeden Streifen durch die Unterkante eines Tragegriffs und heften Sie die Enden 1,5 cm unterhalb des Griffs aufeinander. Öffnen Sie die Tasche.

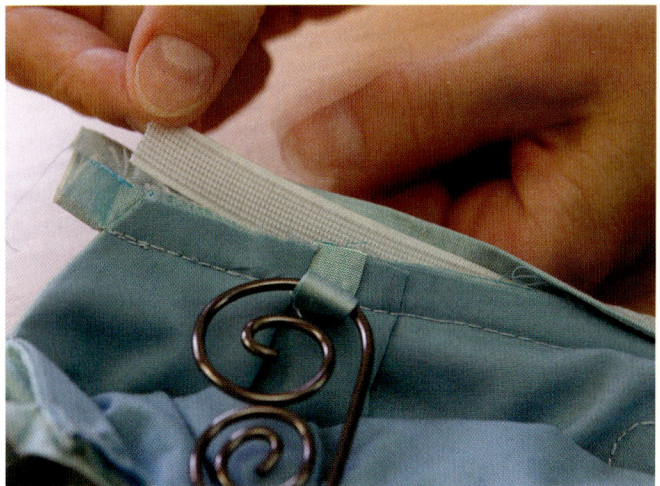

8 △ Legen Sie einen Griff mit den beiden Streifen für Griffe mittig an die innere Oberkante an die Heftlinien. Heben Sie die Griffe an, um zu prüfen, ob die Unterkante des Griffs genau oberhalb der gebügelten Mittelkante des Bundes liegt und passen Sie evtl. die Länge des Griffstreifens an. Nähen Sie die Bundnaht. Schneiden Sie die Enden der Griffstreifen bündig mit der Oberkante der Tasche ab. Bügeln Sie die Naht zum Bund hin. Wiederholen Sie dies mit dem Griff auf der anderen Seite der Tasche und nähen Sie auch hier den Bund an.

9 △ Bügeln Sie die Enden des Bundes je 1 cm nach links um. Schneiden Sie zwei Korsettstäbchen von 21,5 cm Länge ab und schieben Sie jedes zwischen Bund und Taschennaht. Stecken Sie die lange umgebügelte Kante des Bundes über die Bundnaht und umschließen Sie so das Korsettstäbchen. Nähen Sie die umgebügelten Enden des Bundes mit Blindstichen zusammen und die lange Kante an die Bundnaht.

Perlenbestickte Abendtasche

Diese Abendtasche glänzt durch ein aufgenähtes Band aus schimmerndem Brokat, der durch eine Reihe von Kristallperlen zusätzlich betont wird. Der metallene Taschenbügel hat verborgene Ringe, an denen eine Handtaschenkette befestigt und dezent im Inneren der Tasche versteckt werden kann, wenn sie als Träger nicht gebraucht wird.

Maße

Die Tasche ist ca. 25 x 25 cm groß.

Sie benötigen

❄ 0,30 m rosa schillernder Moiré (112 cm breit)

❄ 0,20 m rosa Brokat (90 cm breit)

❄ 0,30 m blau gemusterter Baumwollstoff (112 cm breit)

❄ 0,30 m mitteldickes aufbügelbares Volumenvlies (90 cm breit)

❄ ca. 36 Kristall-Stäbchenperlen, 5 mm lang

❄ 1 Taschenbügel aus Metall, 23 cm breit, mit geraden Kanten und mit Nählöchern

❄ 1 silberne Handtaschenkette (falls gewünscht)

❄ Kräftiger Silberfaden

❄ Papier im A4-Format für den Schnitt

❄ Spitzer Bleistift

❄ Geodreieck und Lineal

Arbeiten Sie mit 1 cm Nahtzugabe.

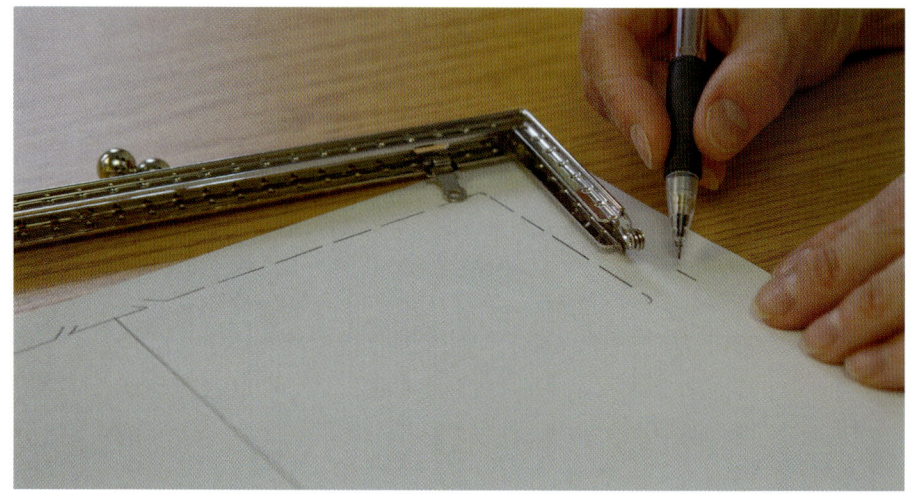

1 △ Zeichnen Sie mit einem spitzen Bleistift ca. 1,5 cm innerhalb der langen Kante eines A4-Papierbogens eine gestrichelte Linie um die Außenkante des Taschenbügels. Legen Sie den Bügel beiseite. Markieren Sie auf dem Papier die Mitte zwischen den Gelenken und ziehen Sie mit Hilfe eines Lineals eine 17 cm lange, senkrechte Linie durch die Mittelmarkierung. Beginnen Sie mittig zwischen den Verschlussclips. Dies ist die Faltkante des Schnitts. Zeichnen Sie 1,5 cm außerhalb des seitlichen Gelenks einen Punkt. Sie brauchen für den Schnitt nur eine Taschenhälfte zu zeichnen.

2 ◁ Legen Sie den Taschenbügel auf das Papier. Legen Sie die Seite des Bügels etwas schräg auf, sodass das Gelenk nun auf den äußeren Markierungspunkt weist. Zeichnen Sie wieder an der Außenseite des Bügels entlang. Markieren Sie die Unterkante des Gelenks auf der neuen Linie mit einem Punkt. Legen Sie den Bügel beiseite. Ziehen Sie die Konturlinie des Bügels mit einem durchgezogenen Strich nach. Ziehen Sie eine senkrechte Line vom seitlichen Punkt nach unten. Dies ist die Seitenkante der Tasche.

3 ◁ Legen Sie ein Geodreieck im rechten Winkel an den unteren Punkt der Mittellinie. Zeichnen Sie den rechten Winkel bis an die Seitenlinie ein. Diese neuen Linien sind die Nählinien. Geben Sie an allen Kanten 1 cm Nahtzugabe hinzu. Falten Sie den Schnitt an der Mittellinie und schneiden Sie die Form aus. Die Mittellinie ist der gerade Fadenlauf. Übertragen Sie den seitlichen Markierungspunkt auf die andere Hälfte des Schnitts. Falten Sie den Schnitt wieder auf und schneiden Sie je zwei Taschenteile aus dem rosa Moiré und dem aufbügelbaren Volumenvlies zu.

4 ▷ Schneiden Sie zwei Rechtecke aus Brokat und aus Volumenvlies zu, die so breit wie der Schnitt und 9 cm hoch sind. Bügeln Sie das Vlies auf die linke Seite des Brokats. Nähen Sie die Rechtecke rechts auf rechts bündig an die unteren Kanten der Taschenteile. Bügeln Sie die Nahtzugaben auseinander. Nähen Sie auf der Vorderseite je eine Reihe von Kristallstäbchen in Abständen von 1,5 cm auf. Beginnen und enden Sie mind. 2 cm innerhalb der Seitenkanten.

5 △ Stecken Sie die beiden Taschenteile rechts auf rechts, sodass die bestickten Kanten aufeinanderliegen. Nähen Sie die Seiten und die Unterkanten bis an die Markierungspunkte zusammen. Schneiden Sie die Nahtzugaben an den Ecken schräg ab und bügeln Sie sie auseinander. Wenden Sie die Tasche auf rechts. Schneiden Sie für das Futter nach Ihrer Vorlage zwei Taschenteile aus dem blau gemusterten Baumwollstoff zu und verlängern Sie dabei die Unterkante um 6 cm.

6 △ Nähen Sie das Futter und lassen Sie eine Wendeöffnung frei. Schneiden Sie die Nahtzugaben an den Ecken schräg ab und bügeln Sie sie auseinander. Schieben Sie die Außenseite rechts auf rechts in das Futter, sodass Seitenkanten, Markierungspunkte und Oberkante aufeinanderliegen. Nähen Sie die offenen Kanten der Vorderseite von Hand mit feinen Rückstichen von der Seite her 2 cm weit zusammen. Wiederholen Sie dies an der anderen Seite und den Seiten der Rückseite.

7 ◁ Nähen Sie den Rest der Nähte mit der Nähmaschine. Vielleicht ist es bequemer für Sie, wenn Sie dafür den Nähtisch der Nähmaschine entfernen. Schneiden Sie die Nahtzugaben einseitig zurück und an den Ecken schräg ab. Wenden Sie die Tasche durch die Wendeöffnung und schließen Sie diese mit Blindstichen. Schieben Sie das Futter ins Innere der Tasche und bügeln Sie die Oberkanten.

8 △ Öffnen Sie den Taschenbügel. Legen Sie die Oberkante der Vorderseite in die Rille des Bügels. Nähen Sie die Tasche mit Vorstichen in die Nählöcher des Rahmens ein. Beginnen Sie in der Mitte und arbeiten Sie mit einem starken, einfach gelegten Silberfaden.

9 △ Wenn Sie das Gelenk erreichen, nähen Sie wieder zurück und stechen dabei zwischen die vorherigen Vorstiche. Nähen Sie auf diese Weise auch die andere Hälfte der Tasche an den Bügel. Wiederholen Sie dies mit der Taschenrückseite. Hat der Bügel Ringe für eine Handtaschenkette, befestigen Sie diese daran.

Elegante Geldbörse

Schmücken Sie diese klassisch geformte Börse mit einer Sammlung von kleinen Knöpfen. Stellen Sie den Schnitt selbst her, damit die Börse gut im Taschenbügel sitzt.

Maße

Die Börse ist ca. 19 cm hoch und 13,5 cm breit.

Sie benötigen

- 0,30 m blaue Dupionseide (90 cm breit)
- 0,30 m grün gemusterter Baumwollstoff (90 cm breit)
- 0,30 m mitteldickes aufbügelbares Volumenvlies (90 breit)
- ca. 24 verschiedene Knöpfe, ø ca. 8 mm
- 1 silberner Metallbügel, halbrunde Form ohne Nählöcher, 13,5 cm breit
- 1 silberne Handtaschenkette (falls gewünscht)
- Fester Silberfaden
- Kräftiger Textilkleber
- Papier im A4-Format für den Schnitt
- Spitzer Bleistift
- Geodreieck

Arbeiten Sie mit 1 cm Nahtzugabe.

1 △ Zeichnen Sie mit einem spitzen Bleistift die Außenkontur des Bügels mit einer gestrichelten Linie auf ein Blatt Papier. Legen Sie den Bügel beiseite. Markieren Sie die Mitte und ziehen Sie eine senkrechte Linie, die durch die Markierung und mittig zwischen den Verschlussclips entlangführt. Dies ist die Faltkante des Schnittmusters. Sie brauchen für den Schnitt nur eine Taschenhälfte zu zeichnen.

2 ◁ Messen Sie auf der Mittellinie des Bügels 19 cm weit nach unten und markieren Sie die Stelle mit einem Punkt. Dies ist die Unterkante der Börse. Legen Sie den Bügel wieder auf das Papier, die Mitte des Bügels liegt auf der Mittellinie. Zeichnen Sie 1,5 cm seitlich des Gelenks einen Punkt. Drehen Sie den Bügel nach außen bis zu diesem Punkt. Ziehen Sie die Außenlinie des Bügels neu nach. Markieren Sie die Unterkante des Gelenks. Legen Sie den Bügel beiseite.

3 ◁ Legen Sie ein Geodreieck an und zeichnen Sie ab der unteren Mitte im rechten Winkel ca. 3–4 cm nach außen. Dann zeichnen Sie eine großzügige bauchige Rundung von der unteren Linie bis zum Gelenk. Diese neuen Linien sind die Nählinien. Geben Sie an allen Seiten 1 cm Nahtzugabe hinzu. Falten Sie den Schnitt entlang der Mittellinie und schneiden Sie ihn aus. Die Mittellinie ist der gerade Fadenlauf. Übertragen Sie den seitlichen Punkt auf die andere Hälfte des Schnitts.

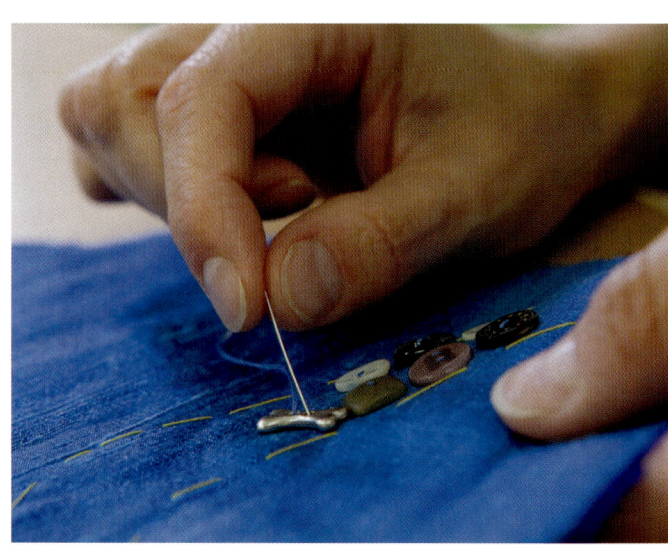

4 ▷ Falten Sie den Papierschnitt auf und schneiden Sie je zwei Taschenkörper aus blauer Dupionseide, mitteldickem aufbügelbaren Volumenvlies und dem grün gemusterten Baumwollstoff zu. Der Baumwollstoff wird das Futter. Bügeln Sie das Vlies auf die linke Seite der seidenen Teile. Heften Sie zwei Linien im Abstand von 2,5 cm quer über das Teil, welches die Vorderseite werden soll. Nähen Sie innerhalb des gehefteten Bereichs die Knöpfe auf und bleiben Sie mindestens 2 cm innerhalb der Seitenkanten. Entfernen Sie die Heftfäden.

5 △ Stecken Sie die seidenen Teile rechts auf rechts und nähen Sie die Unterkante von einem Markierungspunkt bis zum anderen zusammen. Schneiden Sie die Nahtzugaben in den Kurven ein und bügeln Sie sie auseinander. Wenden Sie die Börse auf rechts. Wiederholen Sie dies mit dem Futterstoff und lassen Sie eine 8 cm große Wendeöffnung frei.

6 △ Schieben Sie die Außenseite rechts auf rechts in das Futter, sodass die Markierungspunkte aufeinanderliegen. Stecken Sie die offenen Oberkanten aufeinander. Nähen Sie die Kanten der Vorderseite mit kleinen Rückstichen von Hand ca. 2 cm weit von den Seiten her zusammen. Wiederholen Sie dies bei der Rückseite. Schließen Sie den Rest der beiden Nähte mit der Nähmaschine. Schneiden Sie die Nahtzugaben einseitig zurück und in den Kurven ein.

7 ▽ Wenden Sie die Börse und schließen Sie die Wendeöffnung mit Blindstichen. Schieben Sie das Futter in die Börse und bügeln Sie die Oberkanten.

8 △ Klappen Sie den Taschenbügel weit auf. Geben Sie eine großzügige Menge des Textilklebers in die Rille des Bügels. Beachten Sie dabei die Anweisungen des Herstellers. Geben Sie den Textilkleber vorsichtig auch auf die Oberkante der Börse. Sollte der Hersteller es verlangen, lassen Sie den Kleber etwas antrocknen.

> **TIPP**
> - - - - - - - - - - - - - - - - - -
> Wenn die Tube keine feine Tropf-spitze hat, verteilen Sie den Kleber mit Hilfe eines Zahnstochers auf den Kanten.

9 ◁ Beginnen Sie an den Seiten, die Seiten-nähte liegen genau unter den Gelenken. Drücken Sie die Oberkante der Börse in die Rille des Bügels. Schieben Sie den Stoff mit Hilfe einer Scherenspitze so weit wie möglich hinein. Lassen Sie den Kleber komplett trocknen, bevor Sie die Börse bewegen. Wiederholen Sie den Klebevorgang auf der Rückseite. Wenn der Bügel eine Aufhängungsmöglichkeit für eine Kette hat, hängen Sie sie ein.

Abendtasche mit Schleife

Wählen Sie für diese edle Tasche möglichst opulente Stoffe. Hier haben wir die Schleife aus schimmernder Dupionseide geformt, die die leuchtenden Farben der Tasche aufgreift. Die Schleife ist ganz einfach herzustellen und bietet eine gute Möglichkeit, eine schlichte Tasche aufzupeppen. Die Tasche wird mit Ringen an einer auffallenden Goldkette befestigt.

Maße

Die Tasche ist 15 cm hoch und 21 cm breit.

Sie benötigen

✳ 0,20 m grün gemusterter Baumwollstoff
(140 cm breit)

✳ 0,20 m grauer Uni-Baumwollstoff
(112 cm breit)

✳ 30 x 30 cm grüne Dupionseide

✳ 0,20 m feste flexible aufbügelbare Einlage
(90 cm breit)

✳ 0,10 m extrasteife aufbügelbare Einlage
(90 cm breit)

✳ 30 x 30 cm mittelfeste aufbügelbare
Einlage

✳ 1 goldfarbener Magnetverschluss,
1 x 1 cm groß

✳ 2 goldfarbene Metallringe, ø 2 cm

✳ 1 goldfarbene Handtaschenkette

Arbeiten Sie mit 1 cm Nahtzugabe.

1 ▽ Verwenden Sie die Vorlage von Seite 141 und schneiden Sie je zwei Taschenteile aus dem grün gemusterten Stoff, der festen flexiblen Einlage und dem grauen Unistoff zu. Bügeln Sie die Einlage auf die linke Seite der grün gemusterten Teile. Schneiden Sie nach der Vorlage zwei Streifen der extrasteifen aufbügelbaren Einlage entlang der gestrichelten Linien zu. Bügeln Sie die Einlage 2 cm unterhalb der Oberkante auf die linke Seite der grünen Taschenteile. Die grauen Stoffe werden das Futter.

2 ◁ Nähen Sie die grünen Taschenteile rechts auf rechts an den Seiten und der Unterkante aufeinander. Schneiden Sie die Nahtzugaben in den Kurven ein und bügeln Sie sie auseinander.

3 ◁ Wenden Sie die Tasche auf rechts. Schneiden Sie einen Streifen von 10 x 4 cm aus dem grün gemusterten Stoff zu. Bügeln Sie die langen Kanten zur Mitte hin und falten Sie den Streifen der Länge nach zur Hälfte zusammen. Schneiden Sie den Streifen in zwei gleich lange Teile. Schieben Sie jedes Stück durch einen der goldenen Ringe und stecken Sie die Enden aufeinander fest. Heften Sie die Enden entlang der Oberkante an die Seitennaht der Tasche.

4 ▷ Schneiden Sie zwei Quadrate von 4 x 4 cm aus der festen flexiblen Einlage zu. Legen Sie jedes Quadrat über das Markierungskreuz auf den linken Stoffseiten der Futterteile. Befestigen Sie an jeder Seite einen Magnetverschluss (siehe Seite 14). Nähen Sie das Futter, wie in Schritt 2 beschrieben.

5 ◁ Entfernen Sie den Nähtisch der Nähmaschine, um bequemer arbeiten zu können. Schieben Sie die Tasche rechts auf rechts in das Futter, sodass die Seitennähte aufeinanderliegen. Stecken und nähen Sie entlang der Oberkante und lassen Sie dabei eine 12 cm lange Wendeöffnung frei. Wenden Sie die Tasche und schließen Sie die Wendeöffnung mit Blindstichen. Bügeln Sie das Futter an der Oberkante in die Tasche hinein. Steppen Sie rundum 5 mm unterhalb der Oberkante.

7 ▽ Falten Sie die Schleife längs zur Hälfte. Halten Sie die Falte zwischen Daumen und Zeigefinger fest und formen Sie zu beiden Seiten hin je zwei weitere Falten. Verankern Sie ein Fadenende in der Mitte der Schleife und binden Sie den Faden fest darum, um die Falten zu sichern. Vernähen Sie den Faden mit einigen Stichen durch die Falten.

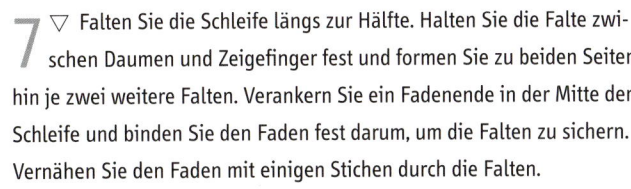

6 △ Schneiden Sie für die Schleife je ein Quadrat von 24 x 24 cm aus der Dupionseide und der mittelfesten aufbügelbaren Einlage zu. Bügeln Sie die Einlage auf die linke Seite der Dupionseide. Falten Sie die Seide rechts auf rechts zur Hälfte und nähen Sie um die offenen Kanten. Lassen Sie dabei an der langen Kante eine Wendeöffnung frei. Schneiden Sie die Nahtzugaben an den Ecken schräg ab und wenden Sie die Schleife auf rechts, bügeln Sie jedoch nicht die Nähte. Schließen Sie die Wendeöffnung mit Blindstichen.

8 △ Schneiden Sie je ein Rechteck von 7 x 4 cm aus grüner Seide und mittelfester aufbügelbarer Einlage zu. Bügeln Sie die Einlage auf die linke Stoffseite. Bügeln Sie die langen Seitenkanten zur Mitte und die Enden 1 cm nach links um.

9 △ Beginnen Sie an der offenen kurzen Kante und winden Sie das Schleifenband um die Mitte der Schleife. Überlappen Sie die Enden und nähen Sie sie auf der Rückseite der Schleife fest. Nähen Sie die Schleife sehr fest auf die Taschenvorderseite, die lange Nahtkante der Schleife weist dabei nach unten. Hängen Sie die Goldkette in die Ringe ein.

Einkaufstasche

Wählen Sie für diese klassische Tasche im Landhausstil zwei zusammengehörende Stoffe. Die Außentaschen bieten Platz für noch mehr Einkäufe, die Farben sind die gleichen wie das Innenfutter. Auf den geraden Unterkanten der Tragegriffe hängt die rechteckige Tasche sehr ordentlich.

Maße

Die Tasche ist 47 cm hoch und 32 cm breit.

Sie benötigen

❊ 0,50 m türkis gemusterter Baumwollstoff (112 cm breit)

❊ 0,50 m türkis gepunkteter Baumwollstoff (112 cm breit)

❊ 0,50 m mittelfeste aufbügelbare Einlage (90 cm breit)

❊ Tragegriffe aus Plastik, Schildpattmusterung, 16,5 cm breit, gerade Unterkante

Arbeiten Sie mit 1 cm Nahtzugabe.

1 △ Schneiden Sie für die Tasche je zwei Rechtecke von 48 x 34 cm aus dem türkis gemusterten Stoff, der mittelfesten aufbügelbaren Einlage und dem türkis gepunkteten Stoff zu. Schneiden Sie für die Außentaschen je zwei Rechtecke von 34 x 18 cm aus dem türkis gepunkteten Stoff und der mittelfesten aufbügelbaren Einlage zu. Bügeln Sie die Einlage auf die Rückseiten der beiden türkis gemusterten Stoffe und eines gepunkteten Stoffes.

2 ▷ Nähen Sie die beiden Teile für die Außentasche an der langen Oberkante rechts auf rechts. Wenden Sie die Außentasche auf rechts. Bügeln Sie die Oberkante und stecken Sie die offenen Kanten aufeinander.

3 ◁ Stecken Sie die Unterkante der Außentasche an die kurze Unterkante eines der türkis gemusterten Taschenteile, beide weisen mit der rechten Seite nach oben. Dies wird die Taschenvorderseite. Markieren Sie die Mitte der Außentasche mit Stecknadeln und nähen Sie mittig mehrmals auf und ab, um die Tasche zu teilen und die Naht zu verstärken.

4 ▷ Stecken Sie Taschenvorderseite und -rückseite rechts auf rechts. Beginnen und enden Sie 27 cm unterhalb der Oberkante und nähen Sie die Seitenkanten und die kurze Unterkante zusammen. Schneiden Sie die Nahtzugaben an den Ecken schräg ab und bügeln Sie sie auseinander. Nähen Sie das Innenfutter aus gepunktetem Stoff auf die gleiche Weise.

5 ◁ Wenden Sie die Taschenaußenseite auf rechts und schieben Sie sie rechts auf rechts in das Futter, sodass die Seitennähte aufeinanderliegen. Stecken Sie die offenen Kanten von Taschenvorderseite und Futter aufeinander. Schließen Sie die Seitennähte und enden Sie am Beginn der bereits genähten Naht. Wiederholen Sie dies auf der Rückseite der Tasche.

6 ◁ Wenden Sie die Tasche und schieben Sie das Futter nach innen. Bügeln Sie die Nähte an den Seitenkanten. Stecken Sie die oberen offenen Kanten zusammen. Bügeln Sie die Oberkanten jeweils 1 cm nach innen um und heften Sie sie fest. Nähen Sie eine Reihe von Heftstichen 8,5 cm unterhalb der umgebügelten Oberkante.

7 ▷ Schieben Sie eine Oberkante durch einen Tragegriff. Passen Sie die gebügelte Oberkante an die innen liegende Heftlinie an und formen Sie so einen Tunnel, der die Unterkante des Tragegriffs umschließt. Spannen Sie immer einen Teilbereich des Tunnels und stecken Sie den Tunnel auf dieser Länge fest.

8 ◁ Nähen Sie knapp an der gebügelten Kante entlang und spannen Sie während des Nähens jeweils einen Teilbereich flach. Nähen Sie noch einmal 5 mm innerhalb der Kante entlang. Wiederholen Sie dies an der anderen Seite der Tasche.

Badetasche

Gestreifter Stoff und dicke Kordelträger verleihen dieser kleinen, kastenförmigen Tasche einen maritimen Look. Verwenden Sie ultrastarke Einlage, damit die Tasche steht. Wenn Sie eine weiche Tasche wünschen oder wenn Sie noch nicht so geübt sind, arbeiten Sie mit fester flexibler Einlage.

Maße

Die Tasche ist 25 cm hoch und 33 cm breit.

Sie benötigen

* 0,50 m breit gestreifter Baumwollstoff (140 cm breit)
* 0,40 m gelber Uni-Baumwollstoff (90 cm breit)
* 0,40 m ultrastarke aufbügelbare Einlage (90 cm breit)
* 1,80 m Kordel, ø 11 mm
* 4 Ösen aus Nickel, ø 14 mm, mit Befestigungswerkzeug
* Starkes beigefarbenes Steppgarn
* Klebeband

1 △ Schneiden Sie zwei Rechtecke von 42 x 30 cm aus dem gestreiften Stoff so zu, dass die Streifen parallel zu den langen Kanten verlaufen. Schneiden Sie zwei Rechtecke von 42 x 29,5 aus der ultrastarken aufbügelbaren Einlage und zwei Rechtecke von 41,5 x 29,5 cm aus dem gelben Stoff zu. Bügeln Sie die Einlage auf die linke Seite der gestreiften Rechtecke 5 mm unterhalb der langen Oberkante und kantenbündig an den kurzen Seiten und der langen Unterkante.

3 ▽ Für die Bodenecke drücken Sie die untere Ecke nach außen, sodass die Seitennaht auf der Bodennaht liegt. Nähen Sie im rechten Winkel 3,5 cm von der Ecke entfernt quer darüber. Die Naht wird 7 cm lang. Schneiden Sie die Ecke bis auf 1 cm zur Naht zurück. Wiederholen Sie dies an der anderen Ecke. Wenden Sie die Tasche auf rechts.

2 △ Nähen Sie die gestreiften Rechtecke mit 1 cm Nahtzugabe rechts auf rechts an den kurzen Seitenkanten und der langen Unterkante aufeinander. Bügeln Sie die Nahtzugaben auseinander.

4 △ Nähen Sie das Futter aus dem gelben Unistoff, wie in den Schritten 2–3 beschrieben, und lassen Sie an einer Seitennaht bis 2,5 cm zur Oberkante eine 20 cm lange Wendeöffnung frei. Bügeln Sie die Nahtzugaben auseinander. Schieben Sie die Tasche rechts auf rechts in das Futter, sodass die Seitennähte aufeinanderliegen. Entfernen Sie den Nähtisch der Nähmaschine, um bequemer arbeiten zu können. Stecken und nähen Sie die Oberkante mit 1 cm Nahtzugabe aufeinander.

5 △ Wenden Sie die Tasche auf rechts und schließen Sie die Wendeöffnung mit Blindstichen. Bügeln Sie das Futter entlang der Oberkante in die Tasche hinein. Steppen Sie 1 cm rundum unterhalb der Oberkante mit beigefarbenem, starkem Steppgarn. Schieben Sie das Futter in die unteren Ecken der Tasche, sodass die Nähte aufeinanderliegen. Falten Sie die Tasche im Abstand von 3,5 cm zu den Seitennähten und zur Bodennaht und drücken Sie zwischen Daumen und Zeigefinger eine Falte, um einen Zwickel anzudeuten. Bügeln Sie über die gefalteten Kanten.

6 ◁ Steppen Sie mit dem beigefarbenen, starken Steppgarn im Abstand von 1,2 cm an den Bodenkanten entlang, beginnen und enden Sie 1,2 cm vor den Seitennähten. Als Nächstes steppen Sie die Seitenkanten ab. Beginnen Sie dafür jeweils an der Oberkante und enden Sie an der Steppnaht der Bodenkante.

7 ▷ Pressen Sie nach Anweisung des Herstellers vier Ösen in die Oberkante von Vorder- und Rückseite der Tasche. Die Mitte jeder Öse liegt 7,5 cm innerhalb der Seitenkanten und 3,5 cm unterhalb der Oberkante.

8 ◁ Umwickeln Sie die Kordel in der Mitte und an beiden Enden mit Klebeband. Schneiden Sie die Kordel in zwei gleich lange Stücke. Schieben Sie die Enden eines Kordelstückes durch die Ösen auf der Vorderseite nach innen. Machen Sie am Ende einen Knoten. Wiederholen Sie dies mit der Rückseite der Tasche.

Schablonen

Viele Modelle in diesem Buch werden mit Hilfe von Schablonen zugeschnitten. Übertragen Sie die Vorlagen auf Transparentpapier oder vergrößern Sie sie, falls nötig, mit Hilfe eines Kopiergerätes auf die angegebene Größe. Zeichnen Sie vorgegebene Formen mit den angegebenen Maßen auf Papier. Denken Sie daran, alle Fadenläufe, Kerben, Markierungspunkte und Markierungskreuze zu übertragen.

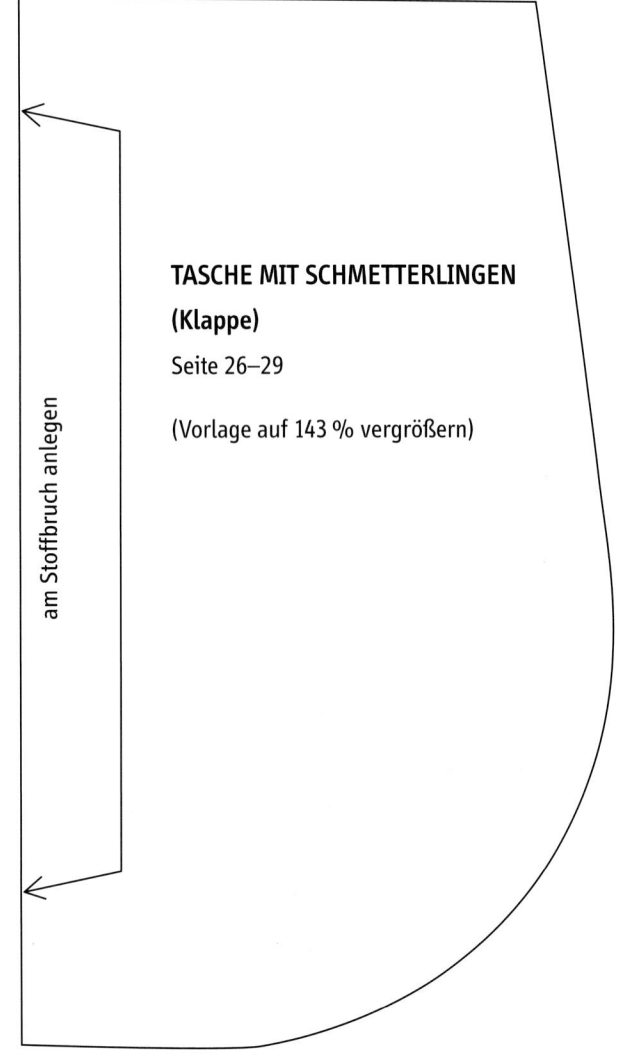

Schneidelinie für Tasche mit Zugverschluss (Rückseite)

Schneidelinie für Tasche mit Schmetterlingen

am Stoffbruch anlegen

TASCHE MIT SCHMETTERLINGEN

(Klappe)

Seite 26–29

(Vorlage auf 143 % vergrößern)

am Stoffbruch anlegen

TASCHE MIT SCHMETTERLINGEN

(Taschenkörper)

Seite 26–29

SCHULTERTASCHE MIT ZUGSCHNUR

(Rückseite)

Seite 64–67

(Vorlage auf 143 % vergrößern)

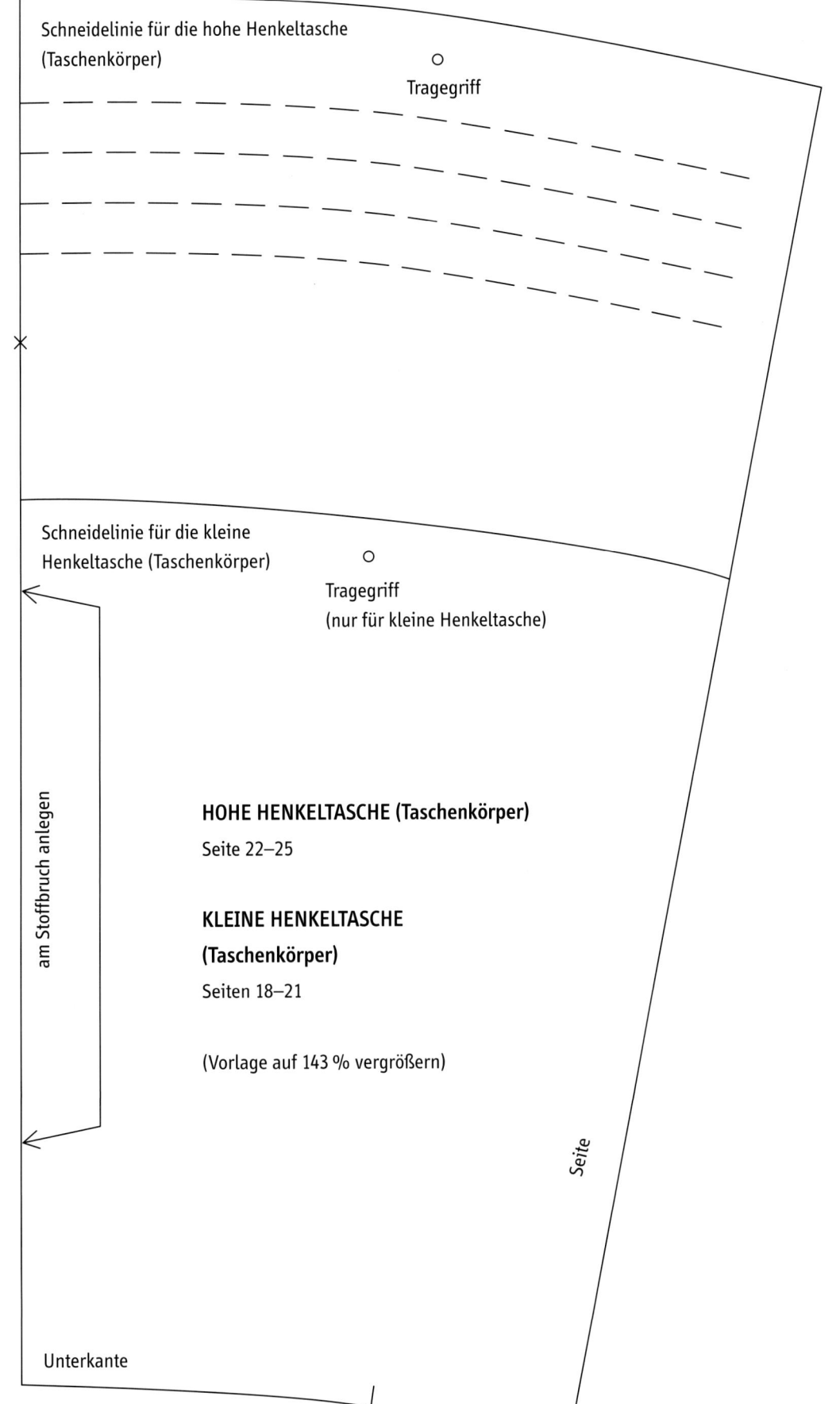

Schneidelinie für die hohe Henkeltasche
(Taschenkörper)

Tragegriff

Schneidelinie für die kleine
Henkeltasche (Taschenkörper)

Tragegriff
(nur für kleine Henkeltasche)

am Stoffbruch anlegen

HOHE HENKELTASCHE (Taschenkörper)

Seite 22–25

**KLEINE HENKELTASCHE
(Taschenkörper)**

Seiten 18–21

(Vorlage auf 143 % vergrößern)

Seite

Unterkante

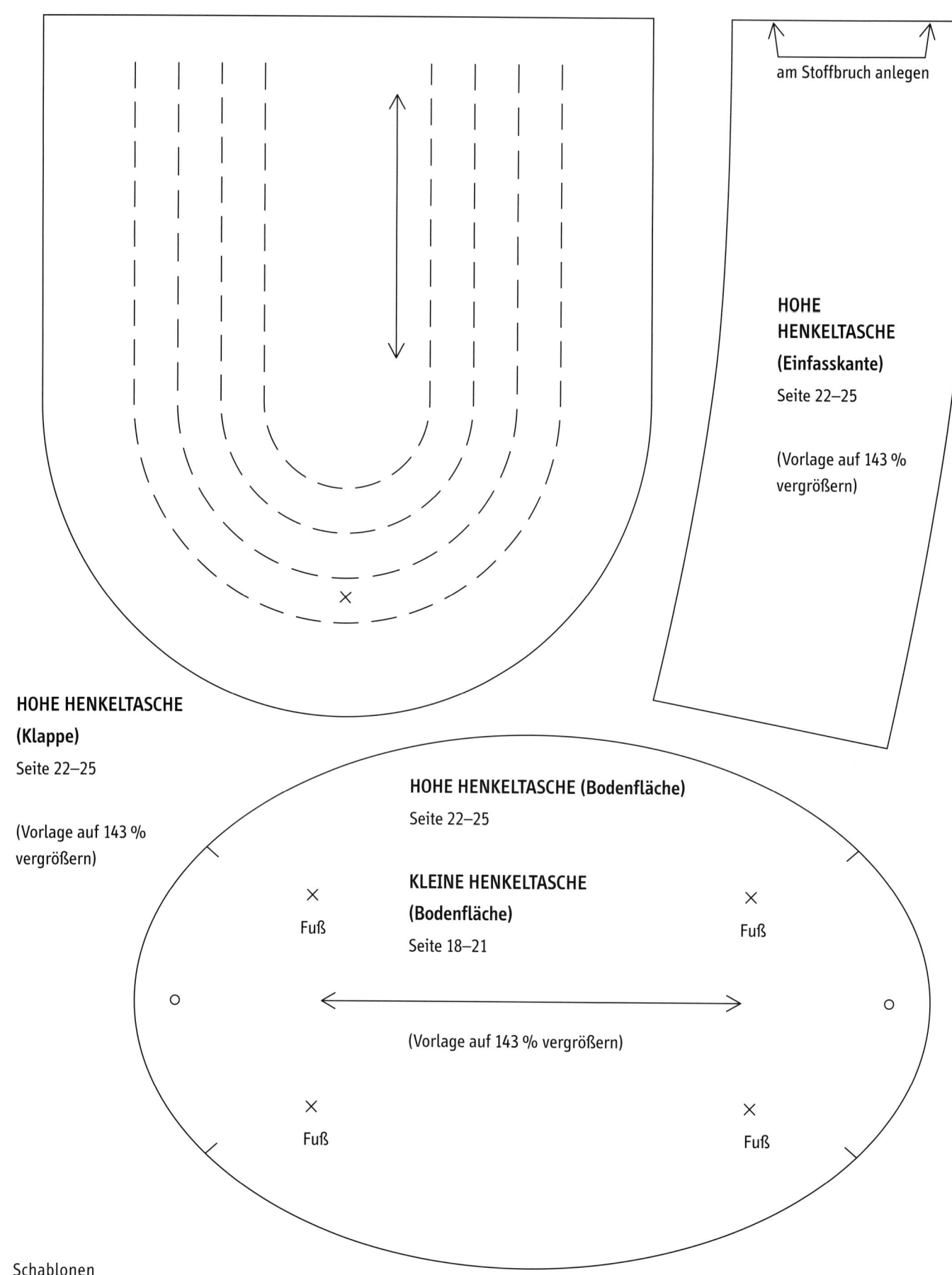

HOHE HENKELTASCHE

(Einfasskante)

Seite 22–25

(Vorlage auf 143 %
vergrößern)

am Stoffbruch anlegen

HOHE HENKELTASCHE

(Klappe)

Seite 22–25

(Vorlage auf 143 %
vergrößern)

HOHE HENKELTASCHE (Bodenfläche)

Seite 22–25

KLEINE HENKELTASCHE

(Bodenfläche)

Seite 18–21

(Vorlage auf 143 % vergrößern)

Fuß

Fuß

Fuß

Fuß

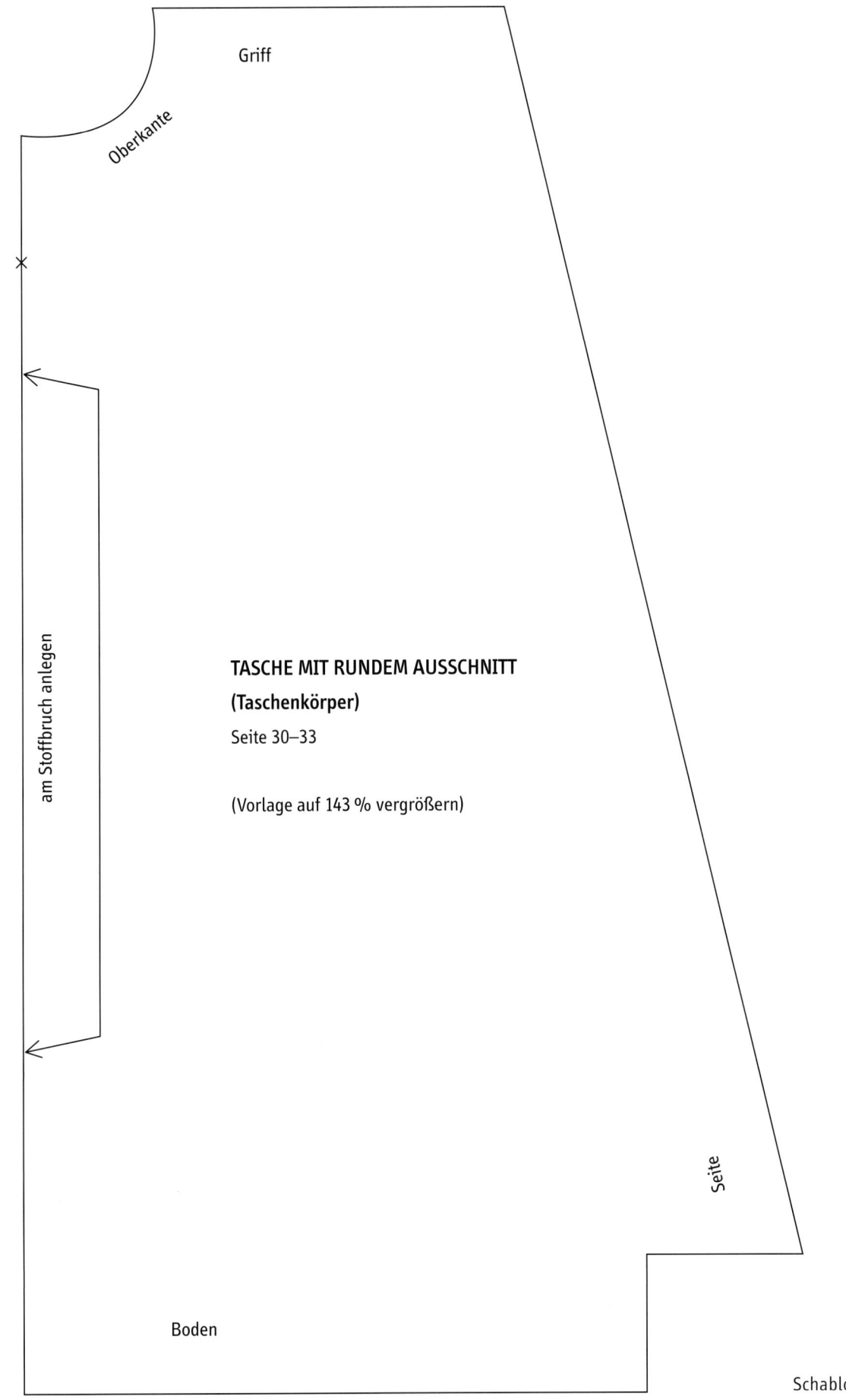

Griff

Oberkante

am Stoffbruch anlegen

TASCHE MIT RUNDEM AUSSCHNITT

(Taschenkörper)

Seite 30–33

(Vorlage auf 143 % vergrößern)

Seite

Boden

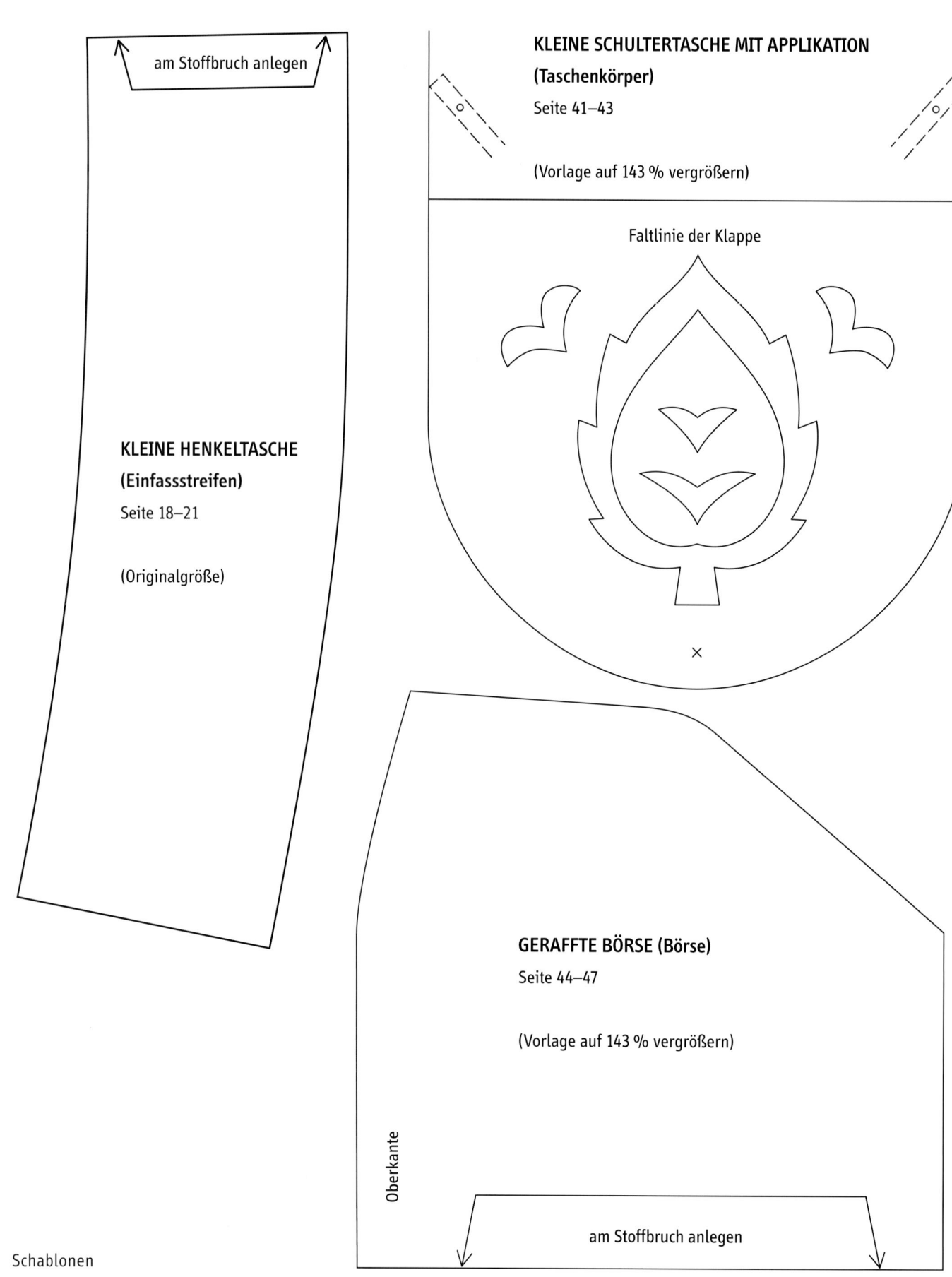

am Stoffbruch anlegen

KLEINE SCHULTERTASCHE MIT APPLIKATION

(Taschenkörper)

Seite 41–43

(Vorlage auf 143 % vergrößern)

Faltlinie der Klappe

×

KLEINE HENKELTASCHE

(Einfassstreifen)

Seite 18–21

(Originalgröße)

GERAFFTE BÖRSE (Börse)

Seite 44–47

(Vorlage auf 143 % vergrößern)

Oberkante

am Stoffbruch anlegen

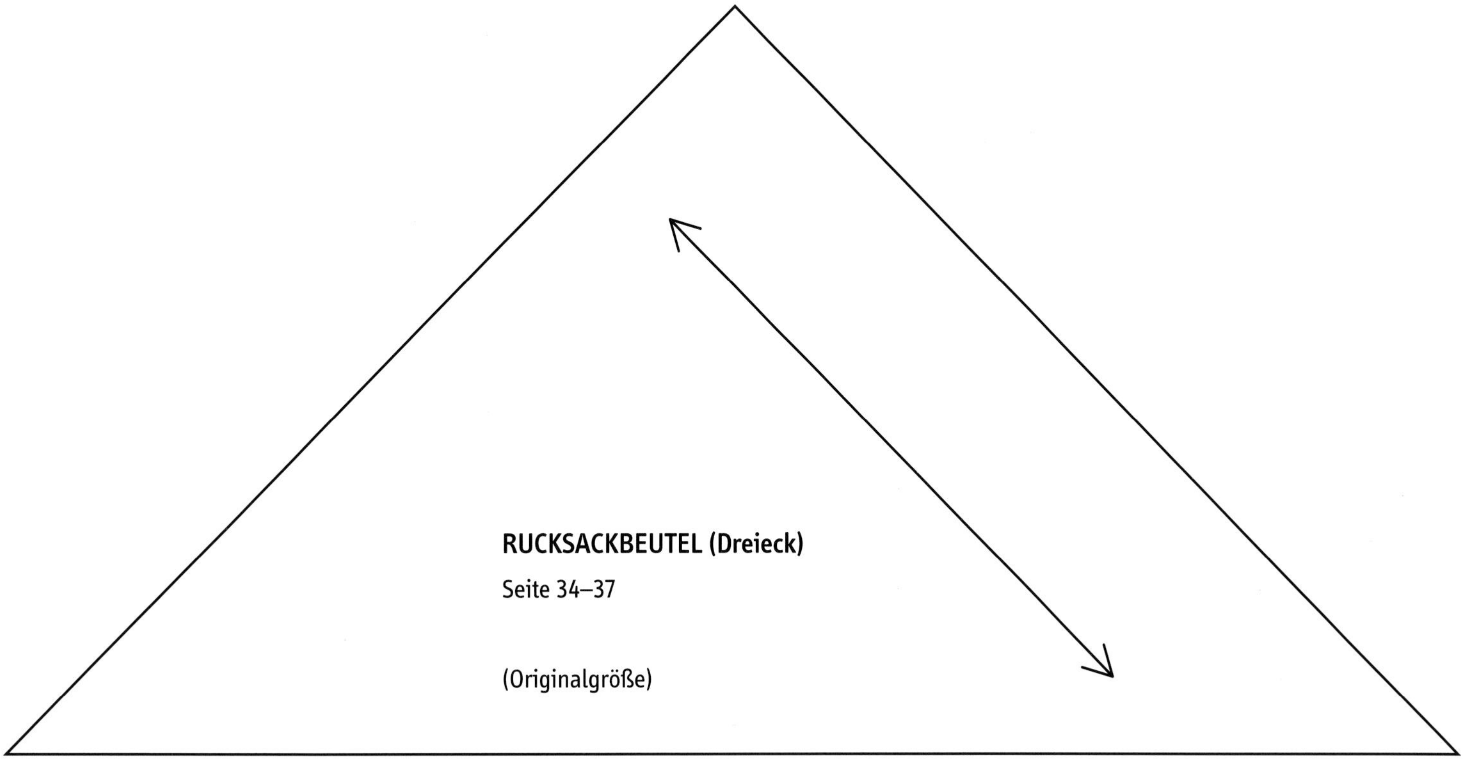

RUCKSACKBEUTEL (Dreieck)

Seite 34–37

(Originalgröße)

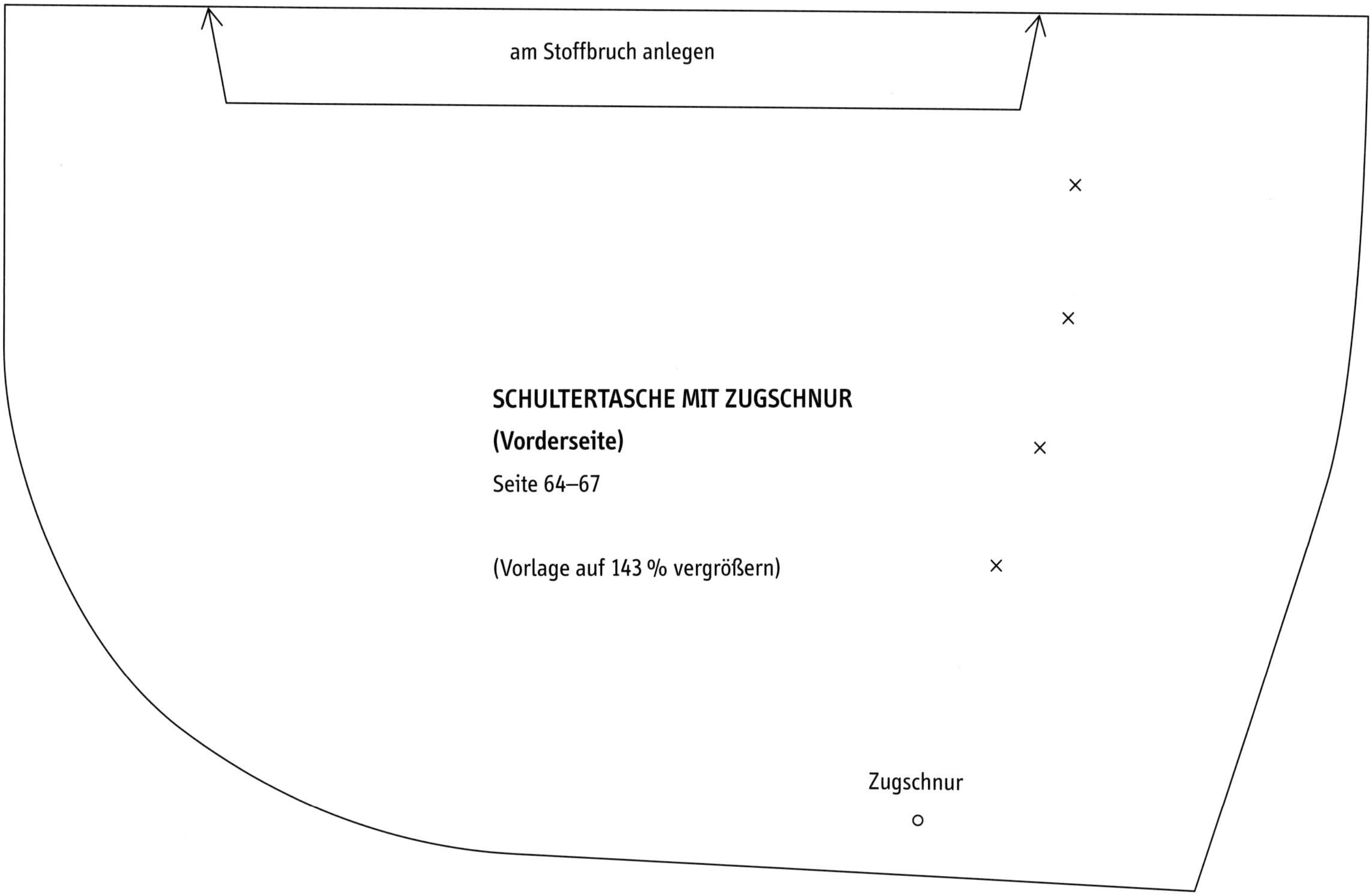

am Stoffbruch anlegen

SCHULTERTASCHE MIT ZUGSCHNUR
(Vorderseite)

Seite 64–67

(Vorlage auf 143 % vergrößern)

×

×

×

×

Zugschnur

○

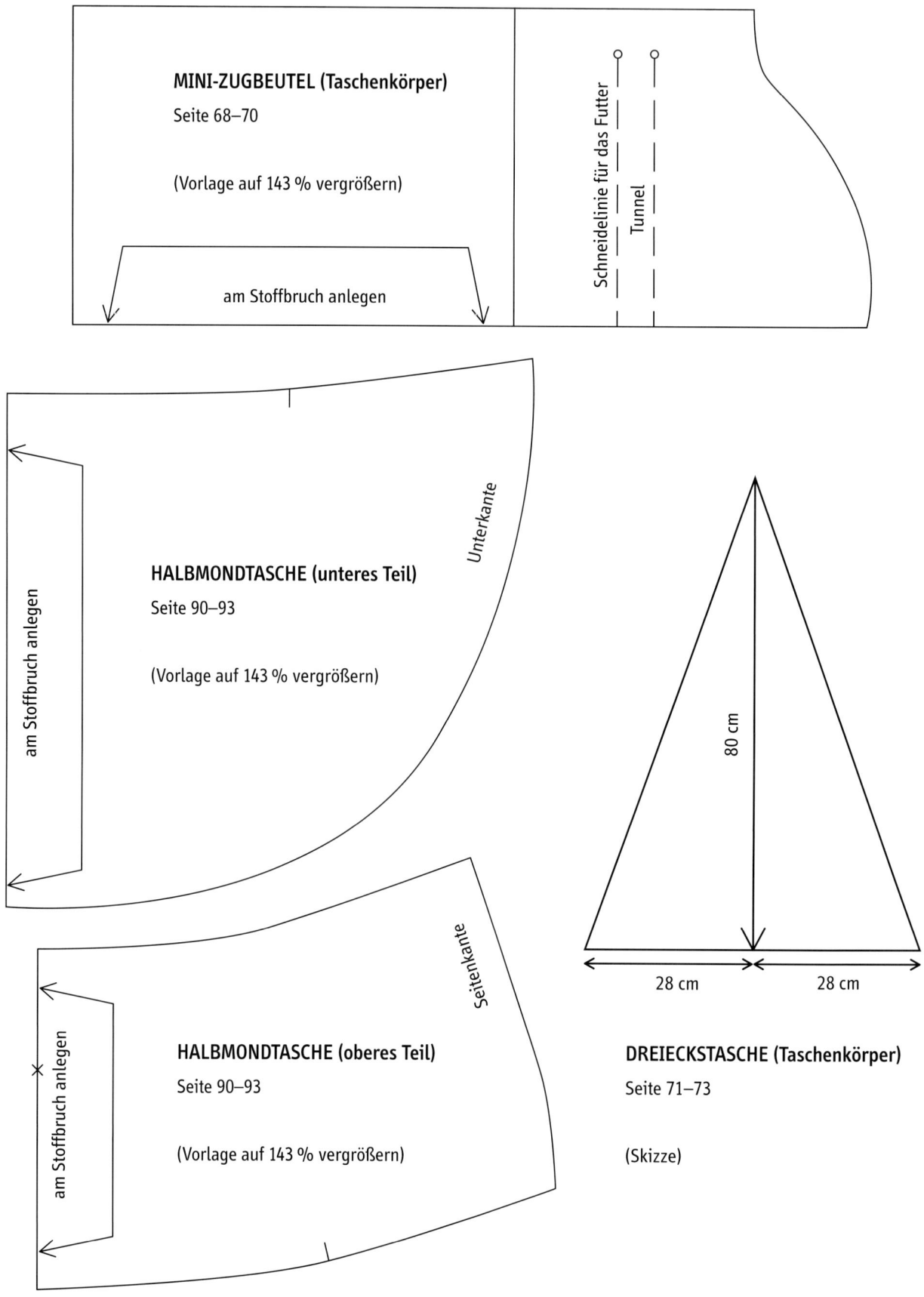

MINI-ZUGBEUTEL (Taschenkörper)

Seite 68–70

(Vorlage auf 143 % vergrößern)

am Stoffbruch anlegen

Schneidelinie für das Futter

Tunnel

HALBMONDTASCHE (unteres Teil)

Seite 90–93

(Vorlage auf 143 % vergrößern)

am Stoffbruch anlegen

Unterkante

HALBMONDTASCHE (oberes Teil)

Seite 90–93

(Vorlage auf 143 % vergrößern)

am Stoffbruch anlegen

Seitenkante

DREIECKSTASCHE (Taschenkörper)

Seite 71–73

(Skizze)

80 cm

28 cm   28 cm

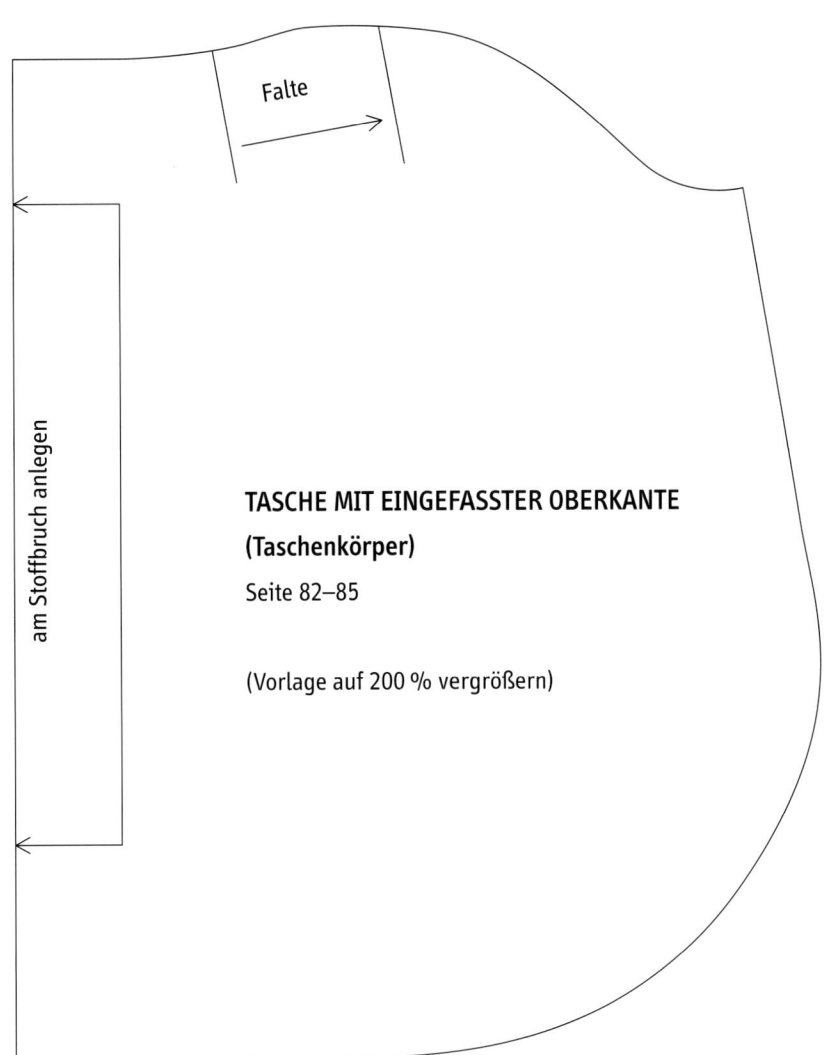

Falte

am Stoffbruch anlegen

TASCHE MIT EINGEFASSTER OBERKANTE

(Taschenkörper)

Seite 82–85

(Vorlage auf 200 % vergrößern)

am Stoffbruch anlegen

TASCHE MIT EINGEFASSTER OBERKANTE

(Zwickel)

Seite 82–85

(Vorlage auf 200 % vergrößern)

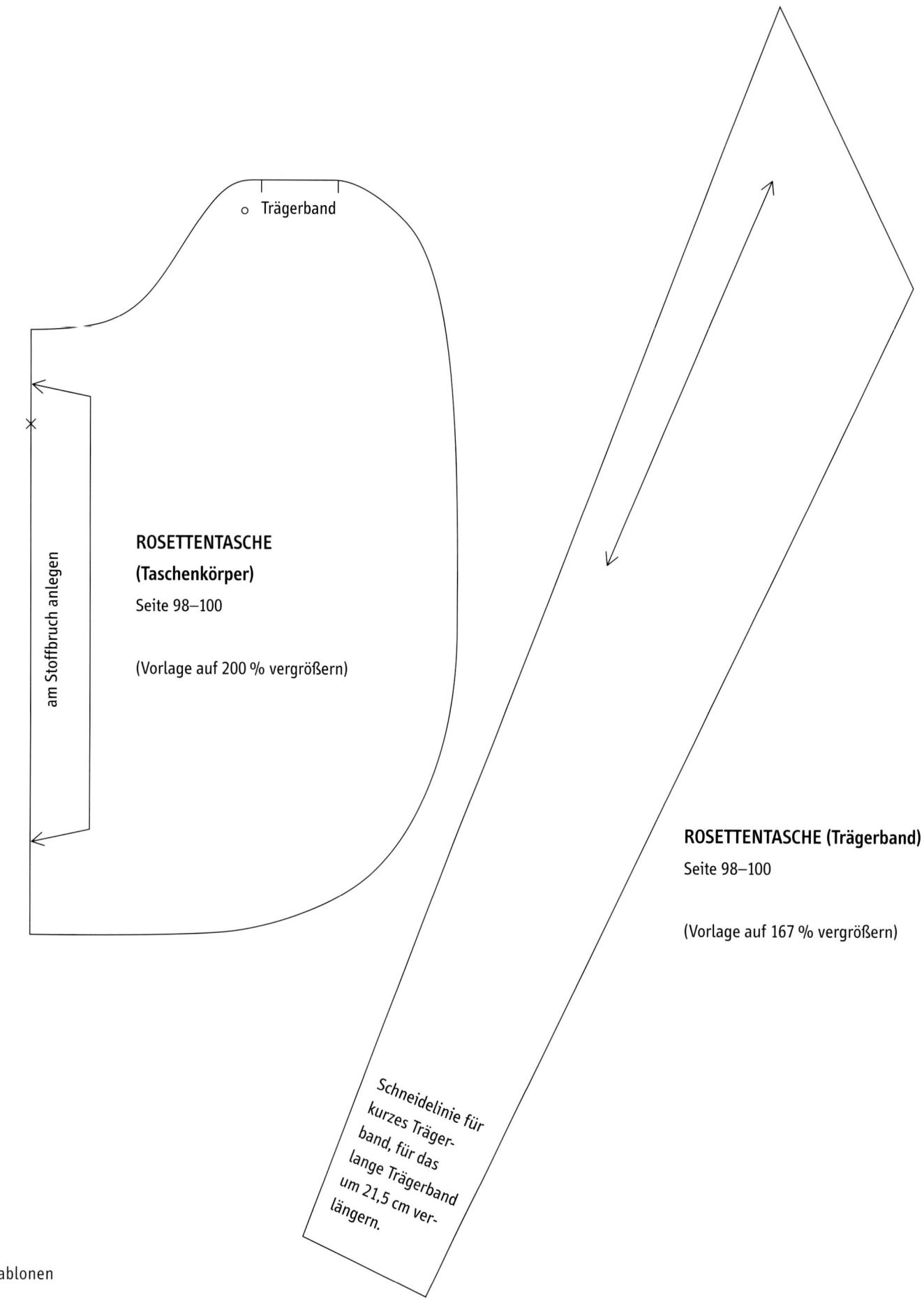

○ Trägerband

am Stoffbruch anlegen

**ROSETTENTASCHE
(Taschenkörper)**

Seite 98–100

(Vorlage auf 200 % vergrößern)

ROSETTENTASCHE (Trägerband)

Seite 98–100

(Vorlage auf 167 % vergrößern)

Schneidelinie für kurzes Trägerband, für das lange Trägerband um 21,5 cm verlängern.

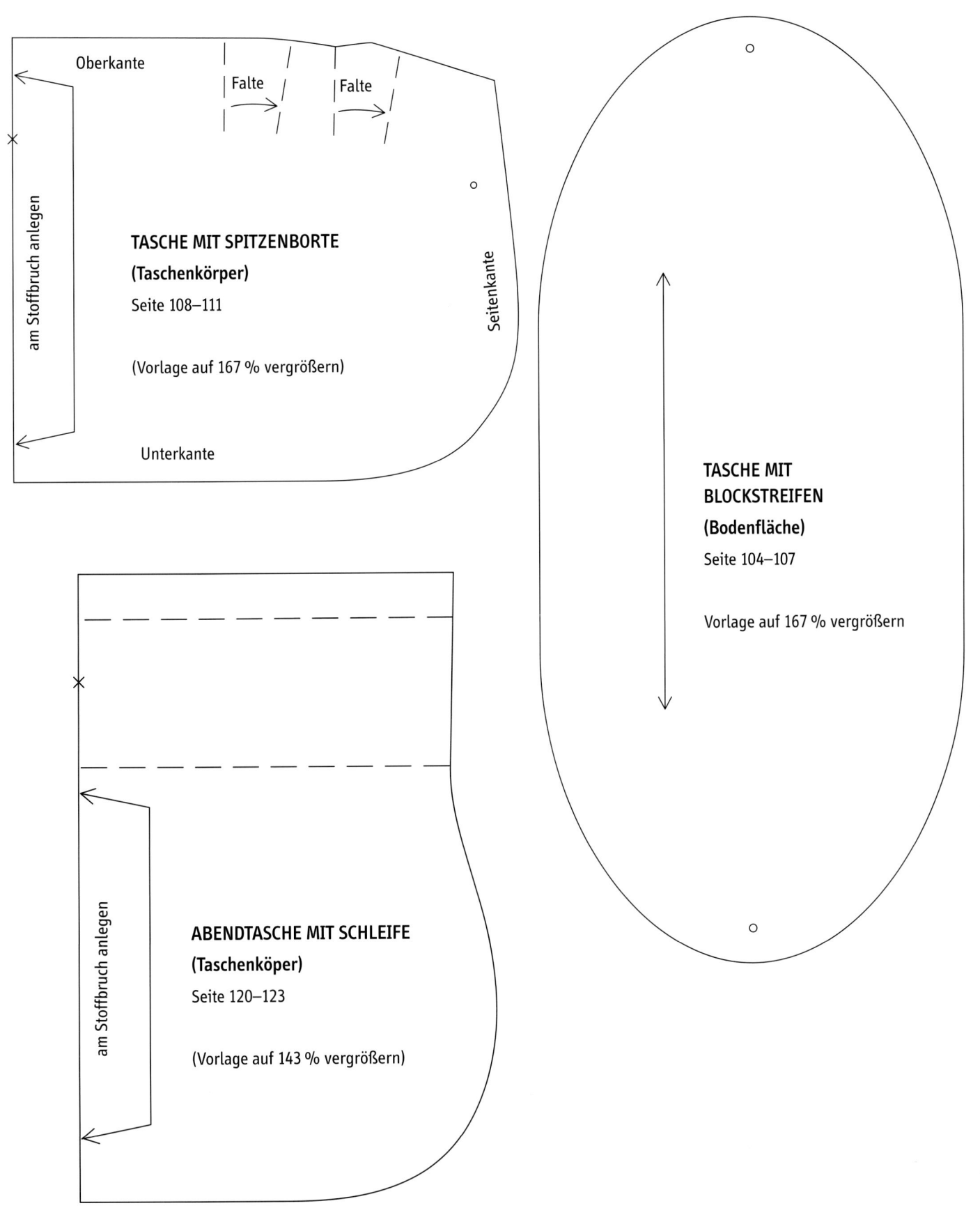

Oberkante

Falte → Falte →

am Stoffbruch anlegen

TASCHE MIT SPITZENBORTE

(Taschenkörper)

Seite 108–111

(Vorlage auf 167 % vergrößern)

Seitenkante

Unterkante

am Stoffbruch anlegen

ABENDTASCHE MIT SCHLEIFE

(Taschenköper)

Seite 120–123

(Vorlage auf 143 % vergrößern)

**TASCHE MIT
BLOCKSTREIFEN**

(Bodenfläche)

Seite 104–107

Vorlage auf 167 % vergrößern

Hersteller

Stoffe

Coats GmbH, Kenzingen
www.coatsgmbh.de

KnorrPrandell GmbH, Lichtenfels
www.knorrprandell.com

Kurt Frowein GmbH & Co. KG
www.kurt-frowein.de

Stof A/S, Herning (DK)
www.stof-dk.com

Westfalenstoffe AG, Münster
www.westfalenstoffe.de

Zweigart und Sawitzki, Sindelfingen
www.zweigart.de

Vliese

Freudenberg Vliesstoffe KG, Heidelberg
www.vlieseline.de

Garne/Knöpfe/Reißverschlüsse/ Spitze u. a. Zubehör

Amann Handel GmbH, Dietenheim
www.amann-mettler.com

Coats GmbH, Kenzingen
www.coatsgmbh.de

Gütermann AG, Gutach-Breisgau
www.guetermann.com

Jim Knopf GmbH & Co. KG, Offenbach a. M.
www.knopfhandel.de

Knopffabrik Dill GmbH & Co. KG, Bärnau
www.dill-buttons.de

Madeira Garnfabrik, Freiburg
www.madeira.de

Prym Consumer GmbH, Stolberg
www.prym-consumer.com

Rinske Stevens Design, Culemborg (NL)
www.rinskestevensdesign.com

Union Knopf GmbH, Bielefeld
www.unionknopf.de

YKK, Mainhausen
www.ykk.de

Index